PROFIL BAC

Collection créée par Georges Décote

CW01501026

Œdipe roi

Sophocle
(entre 430 et 420 av. J.-C.)

Pier paolo pasolini
(1967)

Jean-Benoît Hutier
Agrégé de l'université
Docteur ès lettres

Hatier

Sommaire

COMPRENDRE

© HATIER, Paris, 2015   ISSN 0750-2516   ISBN 978-2-218-96923-2

COMPRENDRE LES PROBLÉMATIQUES

Les citations et les références de pages renvoient à *Œdipe roi*,
paru dans la collection « Classiques & Cie lycée » des Éditions
Hatier (2015).
La traduction du texte de Sophocle a été réalisée par Paul
Mazon et revue par Jean Irigoin, © Les Belles lettres, 1994.

FICHE PROFIL

Œdipe roi (entre 430 et 420 av. J.-C.)

Sophocle (vers 496-vers 406 av. J.-C.)

Tragédie   Théâtre de l'Antiquité grecque

RÉSUMÉ

La peste ravage la ville de Thèbes. Un oracle d'Apollon fait savoir à Œdipe, l'actuel roi de la ville, que l'épidémie est un châtiment divin qui durera tant que les assassins de l'ancien roi, Laïos, ne seront pas démasqués et punis. Aussitôt, le devin Tirésias le maudit : c'est lui, Œdipe, le criminel qui souille le pays ! L'accusation paraît à tous extraordinaire. Œdipe a en effet libéré Thèbes de la terreur que faisait régner le Sphinx. Au faîte de sa puissance, il est aussi au comble du bonheur : mari de Jocaste, la veuve du roi Laïos, Œdipe est un époux heureux et le père de quatre enfants. Celui-ci s'inquiète toutefois. Il a naguère fui Corinthe et ses parents parce qu'un oracle lui avait prédit qu'il tuerait son père et qu'il épouserait sa mère. Sur la route qui le menait de Delphes à Thèbes, il se souvient d'avoir tué un vieillard à un carrefour. En dépit des conseils de sa femme qui l'exhorte à ne pas découvrir la vérité, Œdipe s'obstine à savoir qui était sa victime et qui il est lui-même. Il y a bien longtemps, une rumeur prétendait qu'il n'était pas le fils naturel de Polybe et de Mérope, les souverains de Corinthe.

Voici qu'un Corinthien lui apporte la nouvelle du décès de Polybe. Croyant le consoler, il lui révèle la vérité sur sa naissance : Polybe n'était que son père adoptif. Vient alors l'unique survivant du combat qui opposa Œdipe à ses assaillants. Le survivant et le Corinthien se reconnaissent. Tous deux finissent par avouer à Œdipe qu'il est le fils de Laïos, ce vieillard qu'il a tué il y a près de vingt ans, et qu'il a pour mère Jocaste, celle qui est aujourd'hui sa femme. Parricide et incestueux, Œdipe se crève les yeux. Jocaste se pend. L'oracle s'est réalisé. Créon, le frère de Jocaste, exerce l'intérim du pouvoir, pendant qu'Œdipe s'apprête à un long exil.

PERSONNAGES PRINCIPAUX

– **Œdipe** : roi de Thèbes. Perspicace et intelligent, il se découvre parricide et incestueux malgré lui.

– **Jocaste** : reine de Thèbes. Veuve de Laïos, dont elle eut un fils, Œdipe, elle épouse en secondes noces le vainqueur du Sphinx : Œdipe ! Quatre enfants naîtront de leur union.

– **Tirésias** : prêtre de Zeus (Jupiter). Fort âgé et aveugle, il est le devin le plus célèbre du pays. Il ne s'est jamais trompé.

– **Créon** : frère de Jocaste et beau-frère (et oncle) d'Œdipe. Sans ambition politique, il préfère une vie calme aux soucis du pouvoir.

– **Le Chœur** : personnage collectif, représentant la cité. Il donne à la tragédie son aspect lyrique.

CLÉS POUR LA LECTURE

1. Une tragédie sur le mythe d'Œdipe
La légende d'Œdipe est un des grands mythes de la civilisation grecque, puis occidentale.

2. Enquête policière et quête d'identité
Enquêtant sur les assassins du roi Laïos, Œdipe enquête, sans le savoir, sur lui-même et sur ses origines.

3. Une tragédie sur la destinée humaine
Puissant et heureux, Œdipe se découvre le pire des criminels. Qu'est-ce donc que le bonheur ? Est-on maître de son existence ?

4. Œdipe et le complexe d'Œdipe
Pour un lecteur moderne, le nom d'Œdipe est étroitement associé à une découverte de la psychanalyse : le complexe d'Œdipe, que tout homme subit à un moment de sa prime enfance.

FICHE PROFIL

Edipe Re (Œdipe roi, 1967)

Scénario et mise en scène de Pier Paolo Pasolini (1922-1975)

Film dramatique réinterprétant le mythe d'Œdipe   xxᵉ siècle

RÉSUMÉ DU SCÉNARIO

Prologue. Dans une bourgade italienne des années 1920, naît un enfant. Officier de carrière, son père le déteste d'emblée : son fils, pense-t-il, lui volera sa femme. De son côté, l'enfant a peur de son père et ne s'en attache que plus fortement à sa mère.

Le récit mythique. Deux parties le composent : la première en constitue la « préhistoire » et évoque la jeunesse d'Œdipe ; la seconde adapte la pièce de Sophocle.

1. La préhistoire du mythe. Abandonné sur le mont Cithéron, Œdipe est adopté par les souverains de Corinthe. Vingt ans plus tard, lors d'un jeu où il triche, il se fait traiter de « fils du hasard ». À Delphes, où il s'est rendu, la prêtresse d'Apollon lui prédit qu'il tuera son père et épousera sa mère. Prenant la direction opposée de Corinthe, Œdipe s'engage sur la route de Thèbes. Chemin faisant, il tue un vieillard et ses gardes, puis le Sphinx. Pour prix de sa victoire, il devient roi de Thèbes et l'époux de la reine Jocaste.

2. L'adaptation de la pièce de Sophocle. Cette seconde partie reprend les invariants de la légende : la peste, les prophéties de Tirésias, l'affrontement avec Créon, les premiers doutes, la découverte enfin de l'atroce vérité, la pendaison de Jocaste et Œdipe se crevant les yeux. Cette adaptation n'en est pas moins une réinterprétation, notamment à travers le prisme freudien du « complexe d'Œdipe ».

L'épilogue. Une place italienne dans les années 1960. Aveugle, Œdipe se laisse guider par Angelo et joue à la flûte un vieil air révolutionnaire. Les deux hommes traversent une zone industrielle.

Œdipe se retrouve exactement aux mêmes endroits filmés dans le prologue : « La vie finit là où elle commence. »

– **Œdipe** : parricide et incestueux comme le veut la légende, mais n'en voulant longtemps rien savoir, sensuel et volontiers violent.
– **Jocaste** : reine de Thèbes, mère et épouse de son fils, aux sourire et rire énigmatiques, refusant de faire de l'inceste un tabou.
– **Tirésias** : devin, aveugle, haïssant fortement Œdipe, qui est pour lui l'incarnation du mensonge et de l'infamie.

1. Une modernisation du mythe

Pasolini opère un double dépaysement : d'une part dans le temps, par un prologue et un épilogue résolument modernes ; d'autre part dans l'espace : la Grèce antique fait place aux décors du sud marocain.

2. Une lecture psychanalytique

Pasolini réinterprète l'histoire d'Œdipe à travers le « complexe d'Œdipe » élaboré par Freud au début du xxe siècle.

3. Un nouvel Œdipe

Contrairement au personnage de Sophocle, Œdipe est, chez Pasolini, un anti-héros.

4. La quête de l'identité

Œdipe finit par enquêter sur ses origines. Les connaître vaut-il mieux que les ignorer ?

5. Un cinéma de poésie

Metteur en scène, Pasolini inaugure une nouvelle manière de filmer, en recourant au procédé de la « caméra subjective indirecte libre » où l'image, muette, traduit la vision et les pensées d'un personnage.

Sophocle et son temps

Avec Eschyle (vers 525-vers 456 av. J.-C.) et Euripide (vers 484-406 av. J.-C.), Sophocle est l'un des trois grands auteurs tragiques de l'Antiquité grecque. Il naît vers – 496 à Colone, une bourgade située près d'Athènes.

UN HOMME ACCOMPLI

Sa vie coïncide avec l'apogée de la ville. Maîtresse d'un vaste empire et du centre de la Grèce, Athènes affirme sa supériorité en tous domaines. Elle invente la démocratie[1], l'Acropole[2] retentit de la construction du Parthénon et sa culture rayonne.

Sophocle en incarne l'idéal social et humain. Il pratique de multiples activités, participe avec succès à des concours athlétiques et musicaux. Bon vivant, sociable, dévoué à sa cité, il bénéficie de l'amitié des plus grands et de l'estime générale.

À plusieurs reprises, Sophocle assume d'importantes fonctions politiques, preuve de la confiance que lui accordent ses concitoyens. En – 441, il est l'un des douze « stratèges », chargés de définir et de conduire la politique militaire. À quatre-vingts ans passés, en – 413, après le désastre de la flotte athénienne au large de la Sicile, Sophocle est l'un des dix « commissaires » chargés de prendre des mesures d'urgence pour le salut de la ville.

---

1. La démocratie athénienne ne reposait toutefois pas sur le suffrage universel. Étaient en effet exclus de la gestion de la cité les étrangers, les femmes et les esclaves.
2. *Acropole* : citadelle placée au sommet d'une ville. La plus célèbre est celle d'Athènes, sur laquelle fut construit le temple du Parthénon.

UN DRAMATURGE À SUCCÈS

Comme tous les dramaturges de son temps, Sophocle participe à des concours annuels organisés par l'État, où chaque auteur présente ses œuvres. Selon les témoignages de l'époque, Euripide remporta quatre de ces concours ; Eschyle, treize ; et Sophocle, dix-huit ! Sur les cent vingt-trois tragédies que celui-ci a, dit-on, composées, seules sept ont été conservées en entier. C'est dire qu'on ne connaît qu'une infime partie de sa production dramatique.

La datation de ses pièces demeure souvent imprécise. Les *Trachiniennes* et *Ajax* ont été écrits entre 450 et 440 avant notre ère. *Œdipe roi* et *Électre* remontent aux années 430-420 av. J.-C. Des documents indiquent en revanche qu'*Antigone* fut créée juste avant l'élection de Sophocle comme « stratège », en – 441. De même sait-on que *Philoctète* est de – 409.

Quant à sa dernière œuvre, *Œdipe à Colone*, elle fut mise en scène pour la première fois en – 401, cinq ans après la mort de Sophocle (vers – 406), par son petit-fils, Sophocle le Jeune.

UN DEMI-DIEU

Dans la mentalité des anciens Grecs, l'univers obéit à une stricte hiérarchie. Au sommet se trouvent les dieux. Au-dessous d'eux sont des êtres intermédiaires, les « héros ». Ce sont des hommes exceptionnels qui deviennent, après leur mort, des demi-dieux[1]. Vient enfin le commun des mortels.

---

1. Sont également considérés comme des demi-dieux les hommes nés d'un dieu et d'une mortelle ou d'une déesse et d'un mortel.

Sophocle connut l'honneur suprême de l'héroïsation, d'être élevé au rang des demi-dieux. Pour les Athéniens, il devint *Dexios* (l'« Accueillant »), pour avoir accueilli chez lui la statue d'Asclépios (le dieu de la médecine).

Quand il meurt, Athènes est assiégée par les armées de Sparte. On raconte que les rangs ennemis s'ouvrirent pour laisser passer la dépouille mortelle de Sophocle. Lui qui avait vécu durant la splendeur et la suprématie d'Athènes n'eut pas à connaître la prise et la décadence de sa ville en – 404.

Pasolini cinéaste

Pasolini (1922-1975) est un créateur aux multiples talents : romancier, théoricien de l'art et de la littérature, il fut aussi dramaturge et poète[1]. Il aborde le cinéma en 1954 comme co-scénariste de films qui sont souvent de simples commandes. Ce n'est qu'à partir de 1961 qu'il devient le scénariste et le metteur en scène de ses propres films. Il ne cesse dès lors de tourner, s'imposant comme l'un des réalisateurs les plus originaux de sa génération.

ŒDIPE ROI DANS LA FILMOGRAPHIE DE PASOLINI

De 1961 jusqu'à sa mort en 1975, Pasolini réalise vingt films. *Accatone* est son premier et *Œdipe roi,* sorti en 1967, son dixième. Entre les deux s'insèrent *Mamma Roma* (1962), *La Ricotta* (1963) et surtout *L'Évangile selon saint Mathieu* (1964). Après *Œdipe roi,* viendront *Théorème* (1968), considéré comme l'un de ses chefs-d'œuvre, *Médée* (avec dans le rôle-titre la célèbre cantatrice Maria Callas, 1969), *Le Décaméron* (1971), inspiré des contes de Boccace (XIVe siècle) et *Salo ou les 120 journées de Sodome* (1976), son dernier film.

---

1. Parmi ses romans les plus connus : *Les Ragazzi* (1955) et *Une vie violente* (1959), qui firent tous deux scandale. Parmi ses recueils de poésie : *Les Cendres de Gramsci* (1957, prix Viareggio), *Poésie en forme de rose* (1964). Au nombre de ses tragédies, *Porcile* (1967), *Orgia* (1968) et *Pylade* (1969).

▌L'accueil du film par la critique

À l'exception de *Théorème* qui fit l'unanimité en sa faveur, ses films soulèvent à leur sortie autant d'enthousiasme que de polémiques. Les catholiques, alors très influents, dont Pasolini ne partage pas la foi, l'accusent de libertinage ; les communistes, dont il se sent pourtant proche, de religiosité sous-jacente et de donner une image inexacte des réalités sociales ; les fascistes, qu'il combat, d'être un homosexuel décadent. *Œdipe roi* échappe à ces tirs croisés. Présenté à la Mostra de Venise, le film ne suscite aucune ferveur, mais pas davantage d'hostilité. C'est en France (et au Japon) qu'il bénéficie d'une admiration immédiate et durable, avant de s'imposer partout.

▌Une création et un créateur à part

Cet accueil contrasté tient pour partie à la personnalité même de Pasolini : scandales et procès jalonnent son existence et chaque sortie de ses films est une nouvelle occasion de s'en prendre à l'homme. Il tient aussi aux thèmes traités, tous très sensibles : le sous prolétariat et la prostitution dans *Accatone* et *Mamma Roma*, l'inceste dans *Œdipe roi* ou les dérives du fascisme dans *Salo*. Il tient enfin et peut-être surtout à la place particulière que Pasolini occupe dans le cinéma italien et à la conception qu'il se fait de l'art cinématographique.

SITUATION DE PASOLINI
DANS LE CINÉMA ITALIEN

▌L'âge d'or du cinéma italien (1960-1980)

Sa carrière s'inscrit tout entière dans une période exceptionnellement florissante du cinéma italien. Les réalisateurs les plus âgés, qui ont commencé à tourner avant la guerre, signent de grands films : Roberto Rossellini (1906-1977) donne les *Évadés de la nuit* (1960) ; Luchino Visconti (1906-1976), *Rocco et ses frères* (1960) et

Le Guépard (1963) ; ou encore Michelangelo Antonioni (1912-2007), *La Nuit* (1961), *L'Éclipse* (1962) et *Le Désert rouge* (1964). En même temps émerge une nouvelle génération avec Federico Fellini (1920-1993), qui réalise notamment *La Dolce Vita* (1960) et *Huit et demi* (1963) et avec Francesco Rosi (1922-2015) donnant *Main basse sur la ville* (1963). Cette génération, c'est celle de Pasolini.

Les refus de Pasolini

Même s'ils rencontrent un large public, les films pasoliniens se situent à l'opposé des films dits commerciaux, conçus dans le seul but de séduire le plus grand nombre. Pasolini les juge démagogiques dans l'intention et artistiquement sans intérêt. Le néoréalisme longtemps très en vogue et dont relèvent ses deux premiers films, cesse assez vite de retenir son attention. Quant aux films dits bourgeois, décrivant les états d'âme et les crises existentielles des milieux aisés, il s'en agace prodigieusement. Pasolini plaide pour ce qu'il appelle un « cinéma de poésie » dont *Œdipe roi* est l'une des plus parfaites illustrations.

LE « CINÉMA DE POÉSIE »

« Cinéma de poésie » et non « cinéma poétique » : malgré leur proximité linguistique, les deux formules ne sont pas synonymes. Un cinéma poétique joue sur la beauté plastique (picturale) de l'image et sur la création d'une atmosphère – dont, en France, les films de Marcel Carné (1906-1996) sont un exemple avec *Quai des brumes* (1938), *Hôtel du nord* (1938) ou *Les Enfants du paradis* (1945). La définition pasolinienne du « cinéma de poésie » est infiniment plus large.

Comment le définir

Le « cinéma de poésie » caractérise des films dans lesquels le cinéaste s'identifie au personnage par des mouvements de caméra qui vont exprimer ce que celui-ci pense ou ressent.

L'image cesse d'être reproduction ou copie pour devenir langage (→ PROBLÉMATIQUE 16, p. 139). Le mécanisme est le suivant. La caméra donne à voir les faits et gestes d'un personnage d'un double point de vue : celui du personnage lui-même et celui du réalisateur. Autrement dit : le personnage filmé voit et il est en même temps montré en train de voir.

▌Ses principaux procédés

De là provient la manière très personnelle qu'a Pasolini d'utiliser la caméra.

Les gros plans, très fréquents dans *Œdipe roi,* montrent les visages des personnages dévoilant leur apparence en même temps qu'ils traduisent leurs préoccupations, leurs joies ou leurs craintes. Les échanges de regards, muets par nature, deviennent langage et dialogue.

Dans le prologue, nous, spectateurs, nous voyons le bébé dans ses langes sur l'herbe et, presque aussitôt après nous le voyons voir, comme si nous entrions dans son regard. Un très long panoramique sur les cimes et les branches des arbres nous fait en effet ressentir sa première découverte du monde.

Souvent aussi, Pasolini use d'un cadrage particulier, souvent qualifié d'« insistant ». Soit le mont Cithéron. Un long panoramique, de nouveau, en montre le paysage rocailleux, la crête enneigée, sans aucun personnage. Puis un personnage entre dans le champ de la caméra, en l'occurrence le serviteur de Laïos portant le petit Œdipe suspendu à un bâton. De nouveau l'espace redevient vide. Des vautours tournoient. Nous entendons des pleurs. Toute la séquence est muette : les mots sont en effet inutiles, tant la scène possède sa propre signification.

Les travellings[1], avant ou arrière, également nombreux (et notamment lors de la séquence du meurtre des gardes de Laïos

---

1. *Travelling* : déplacement de la caméra de l'arrière vers l'avant, ou inversement de l'avant vers l'arrière.

et de Laïos lui-même), raccourcissent ou allongent les distances, représentent ce que le regard du personnage perçoit de près ou de loin. Chez Pasolini, la manière de filmer compte autant, sinon plus, que ce qui est filmé.

▍Un équivalent du style indirect libre

Le style indirect a pour fonction de rapporter les paroles d'un locuteur non pas telles qu'elles ont été prononcées mais en en donnant simplement la substance. Par exemple : « La prêtresse dit qu'Œdipe tuera son père ». Le style indirecte libre supprime pour plus de souplesse et de rapidité la conjonction de subordination « que » : « Œdipe rencontre la Prêtresse. Il tuera son père ». Pour Pasolini, la caméra doit être l'équivalent cinématographique du style indirect libre en littérature. C'est ce qu'il appelle la « subjectivité indirecte libre » (nous voyons le bébé et nous le voyons voir) : chez lui, l'image est par nature langage.

Résumés et repères pour la lecture de la pièce et du film

LA PIÈCE

La Grèce : le monde d'Œdipe

Une tragédie grecque ne se présente pas comme une tragédie française classique. Elle ne se découpe ni en actes ni en scènes. Elle comporte en revanche un Chœur, ayant à sa tête un personnage dénommé le Coryphée. Ce Chœur représente les habitants de la cité et commente l'action. Ses interventions chantées séparent donc les épisodes de l'intrigue. C'est en fonction d'elles qu'est effectué le découpage du résumé.

Dans le texte de Sophocle, les passages chantés par le Chœur sont en italique. Quand, par l'intermédiaire du Coryphée, son chef, il s'adresse directement à un personnage, ses paroles sont en caractères romains.

L'action se passe à Thèbes, à une époque indéterminée mais très reculée dans le temps.

La peste, châtiment divin[1]

RÉSUMÉ

Prestigieux roi de Thèbes, Œdipe, entendant des lamentations d'enfants, sort de son palais. Le Prêtre[2] qui les accompagne lui décrit les terribles ravages que la peste provoque dans Thèbes. Les enfants viennent le supplier, lui, Œdipe, de trouver le moyen de faire cesser le fléau. N'a-t-il pas naguère sauvé une première fois la ville en triomphant du Sphinx qui la terrorisait ? Qu'il la délivre donc du nouveau malheur qui la frappe aujourd'hui !

Œdipe répond qu'il n'a pas attendu d'en être prié pour agir. Aussi a-t-il dépêché Créon, son beau-frère, consulter l'oracle de Phébus[3] à Delphes.

L'oracle a parlé : la peste est un châtiment que les dieux envoient aux Thébains pour les punir de n'avoir pas recherché et condamné les assassins de l'ancien roi Laïos. Elle disparaîtra sitôt le coupable châtié.

Œdipe s'inquiète : comment retrouver ces meurtriers ? Créon l'informe de ce que l'on sait sur cette affaire ancienne et mystérieuse. Des brigands ont tué Laïos et son escorte sur la route qui mène de Thèbes à Delphes. Un seul membre de l'escorte a, semble-t-il, survécu, mais il a depuis disparu. La menace que le Sphinx faisait peser sur la région a ensuite détourné l'attention des Thébains, plus soucieux de se protéger du monstre que d'enquêter sur les circonstances du meurtre de Laïos.

---

1. Les titres ne sont pas de Sophocle.
2. Il s'agit du « Prêtre de Zeus », c'est-à-dire du roi des dieux (dont Jupiter est l'équivalent en latin).
3. Phébus – ou, en latin, Apollon – était le dieu de la lumière, de la musique et de la poésie, mais aussi de la divination. Son principal sanctuaire se trouvait à Delphes, le grand centre religieux de la Grèce (voir la carte, p. 18).

Œdipe s'engage à mener à bien l'enquête : dans l'intérêt de Thèbes ; mais aussi dans le sien propre, car ceux qui ont tué son prédécesseur sur le trône de Thèbes peuvent également vouloir le tuer. Le Prêtre invite les enfants à faire confiance à Œdipe.

REPÈRES POUR LA LECTURE DE LA PIÈCE

Nature et fonctions du prologue

Selon la définition qu'en donne Aristote dans sa *Poétique*[1], le prologue est « la partie complète de la tragédie qui précède l'arrivée du Chœur ». C'est exactement le cas ici.

Sa structure est simple : il se compose de deux dialogues entre, d'une part, Œdipe et le Prêtre et, d'autre part, Œdipe et Créon.

Sa fonction est analogue à celle de l'exposition dans une tragédie classique. Le sujet est présenté, et l'action, lancée : qui a tué Laïos ? De la réponse à cette question dépend le sort de Thèbes. Le personnage principal est campé : Œdipe est un roi puissant, exceptionnellement intelligent, aussi compatissant envers son peuple que dévoué et actif.

Le prologue livre enfin une précieuse indication scénique : l'action se déroule sur une place, devant le palais royal.

Une exposition pathétique et dramatique

Relève du registre pathétique la représentation, ou l'évocation, de la souffrance et de la douleur. La description que le Prêtre fait de la peste s'inscrit dans ce registre. Par la personnification du fléau : « Une déesse porte-torche, déesse affreuse entre toutes, la Peste, s'est abattue sur nous... » (l. 26-27, p. 8). Par la variété des champs lexicaux décrivant le ravage de la peste : « flot meurtrier » (l. 23), « la mort la frappe... » (l. 23-24, l'expression est répétée l. 25), les « femmes, qui n'enfantent plus » (l. 25-26),

---

1. Philosophe grec, Aristote (384-322 av. J.-C.) a analysé dans cet ouvrage les principales règles de la tragédie grecque.

« le noir Enfer[1] » (l. 29, p. 8). Par les réactions gémissantes des habitants : « nos plaintes, […] nos sanglots » (l. 29-30). Au pathétique des mots s'ajoute le pathétique de la mise en scène : les enfants sont « accroupis », puis « à genoux » (l. 29-30, p. 8-9) sur les marches du palais, tels des suppliants implorant secours.

L'arrivée de Créon fait évoluer l'exposition du pathétique vers le dramatique. On sait qu'appartient au registre dramatique tout ce qui suscite ou maintient l'intérêt. Or quoi de plus dramatique que l'énigme quasi policière sur laquelle se clôt l'entretien de Créon et d'Œdipe : qui a tué Laïos ? comment identifier les coupables ?

Pathétique et dramatique engendrent la terreur et la pitié, qui sont les deux émotions que toute tragédie antique se propose de provoquer chez le spectateur : terreur devant les ravages de la peste ; et pitié pour les victimes, ainsi que pour Œdipe lui-même, qui s'engage à « triompher » ou à « périr » (l. 154 et 155, p. 14).

L'ironie tragique

Pour les spectateurs familiers du mythe d'Œdipe[2], les réactions du héros de Sophocle sont empreintes d'une évidente ironie tragique[3]. À ce stade de l'action, il ne sait pas en effet qu'il est l'assassin de son père. Sa volonté affichée de laver Thèbes de la « souillure » (l. 148, p. 13) que laisse le crime impuni se retournera contre lui, puisqu'il est cette « souillure ». De même, Œdipe ne saisit pas toute la portée de ses propos, quand il déclare : « Lorsque je défends Laïos, c'est moi-même aussi que je sers » (l. 149-150, p. 13-14). Ce « service » sera la découverte de sa culpabilité. L'effet obtenu sera l'exact contraire de celui recherché. C'est le principe même de l'ironie tragique.

---

1. *Enfer* : séjour des morts dans la religion antique (sans connotation particulière de damnation éternelle).
2. Sur le mythe d'Œdipe → PROBLÉMATIQUES 1 et 2, p. 70 et 74.
3. On parle d'ironie tragique quand le sort paraît cruellement se moquer d'un personnage, lequel n'en a naturellement pas conscience.

Prières et lamentations du Chœur

RÉSUMÉ

Apparaît le « Chœur des Vieillards » qui implore la protection de Zeus et de ses deux filles, les déesses Athéna et Arthénice. Que ces « divinités protectrices » sauvent « notre illustre ville, Thèbes » (l. 160-161, p. 14) !

Sur un rythme « plus animé », le Chœur se lamente sur le sort de Thèbes et de ses habitants : la « cité se meurt » (l. 186, p. 16).

D'un ton « vif et marqué », le Chœur supplie Zeus et Apollon d'écraser le sinistre Arès (dieu de la guerre, des destructions et des malheurs).

REPÈRES POUR LA LECTURE DE LA PIÈCE

Une représentation de la cité

Le Chœur incarne le personnage collectif de la Cité, au nom de laquelle il s'exprime. Aussi les pronoms personnels ont-ils une valeur extensive et généralisatrice : le « nous » englobe tous les habitants ; le « je » personnifie l'ensemble, qui est désigné dans des formules telles que « tout mon peuple » (l. 177) ou « la Cité » (l. 186, p. 16). La tragédie grecque ne se réduit pas à l'écrasement d'un individu, d'un « héros », même s'il donne son nom à la pièce. Elle réside dans la confrontation d'une collectivité et d'une horreur exceptionnelle.

Une tonalité religieuse

Dans son début comme dans sa fin, l'intervention du Chœur prend la forme d'une prière. L'invocation aux dieux est directe et récurrente : « Ô douce parole de Zeus » (l. 160, p. 14), « J'appelle enfin le dieu… » (l. 209, p. 18). Épithètes et périphrases rappellent, en des formules rituelles, les attributs des divinités : « dieu de Délos, dieu guérisseur » (l. 163-164). La prière s'achève sur une réplique douloureuse : « Ah ! qu'il vienne… » (l. 212, p. 18).

La montée de l'intérêt dramatique

Dépositaire par définition de l'expérience et de la sagesse, le Chœur relance l'intérêt dramatique. Avec la décision d'Œdipe d'enquêter sur la mort de Laïos, la scène précédente laissait entrevoir un espoir. Le Chœur réintroduit une note d'angoisse en s'interrogeant sur le sens véritable de l'oracle. Celui-ci ne cache-t-il pas autre chose ? Est-il complet, bien interprété ? « Que vas-tu exiger de nous ? » demandent les Vieillards à Zeus (l. 165, p. 15).

L'inquiétude surgit, tandis que perdure le pathétique par la description de la peste : « La Cité se meurt en ces morts sans nombre » (l. 186, p. 16). La terreur et la pitié restent les ressorts fondamentaux.

LIGNES 214 à 297, PAGES 18 à 22

La proclamation d'Œdipe

RÉSUMÉ

Pour apaiser les angoisses du Chœur, Œdipe annonce aux Thébains que si l'assassin se dénonce, celui-ci aura la vie sauve. S'il est dénoncé, le dénonciateur sera récompensé. Mais si chacun se tait et que l'enquête finit par démasquer le coupable, alors l'assassin sera durement châtié. Personne ne devra lui parler, ou l'accueillir chez lui. Il sera maudit, puis exilé. Œdipe appelle la colère des dieux sur quiconque enfreindra ses ordres.

Œdipe reproche ensuite au Chœur de n'avoir pas plus tôt poursuivi les meurtriers de Laïos. Lui ne pouvait rien entreprendre. Il n'était alors qu'un étranger. Chacun se souvient, en effet, des conditions de son accession au pouvoir. Laïos était mort. Les Thébains avaient promis que le vainqueur du Sphinx deviendrait leur roi et l'époux de Jocaste, veuve de Laïos. Œdipe a triomphé du Sphinx. Le voilà depuis longtemps roi de Thèbes et père de quatre enfants[1],

---

1. De deux filles, Antigone et Ismène, et deux fils, Étéocle et Polynice.

que lui a donnés Jocaste. Et il doit maintenant résoudre une affaire qui ne le concerne en rien ! Mais il le fera par respect pour la mémoire de Laïos, comme si celui-ci avait été son propre père.

Le Coryphée essaie de justifier la passivité des Thébains. N'était-ce pas aux dieux de les aider ? Et n'est-ce pas encore à eux de les secourir aujourd'hui ? Le Coryphée conseille à Œdipe de consulter le devin Tirésias. La suggestion est inutile : Œdipe lui a déjà demandé de venir.

REPÈRES POUR LA LECTURE DE LA PIÈCE

Une malédiction solennelle

Le discours qu'Œdipe tient aux Thébains est une malédiction. Le vocabulaire utilisé est en effet celui d'une damnation : « Je voue le criminel [...] à user misérablement, comme un misérable, une vie sans joie » (l. 241-244, p. 19-20).

Une double solennité imprègne la proclamation d'Œdipe. C'est d'abord celle d'un roi qui parle en détenteur de l'autorité : « J'ordonne », « j'interdis », « je voue », « je vous somme » (p. 19). Les impératifs sont également nombreux. Cette solennité revêt une coloration religieuse. Œdipe prend les dieux à témoin de sa volonté d'accomplir immanquablement ce qu'il dit : il se réfère à « l'oracle auguste de Pythô[1] » (l. 239-240, p. 19) ainsi qu'à « Apollon » (l. 248, p. 20).

Une déclaration logique

Œdipe a, en apparence, toute raison de proférer une telle malédiction. La justice l'exige. Tout crime mérite en effet châtiment. Il y va aussi de ses responsabilités politiques, qui lui imposent de tout faire pour que cesse la peste et que revive Thèbes. L'affectivité le lui commande : Œdipe ne se considère pas seulement comme le successeur, dans l'ordre chronologique, de Laïos ; il se présente comme son héritier et d'une certaine façon comme son double,

---

1. Pythô est l'autre nom d'Apollon.

puisqu'il a épousé sa veuve (p. 20). Sa conviction d'être étranger à l'affaire explique enfin qu'il s'adresse publiquement aux Thébains, comme pour lancer un appel à témoin.

Un discours tragiquement imprudent

Aux yeux du lecteur averti, le discours d'Œdipe se colore d'une forte ironie tragique. En maudissant le coupable, Œdipe se maudit lui-même. Lui ne le sait pas encore, mais le public le sait déjà. Dans ce contexte d'inégale répartition des informations, les propos d'Œdipe deviennent tragiquement imprudents : « si d'aventure je venais à l'admettre [le coupable] consciemment à mon foyer, je me voue moi-même à tous les châtiments que mes imprécations[1] viennent à l'instant d'appeler sur d'autres » (l. 244-247, p. 20). De même, Œdipe s'approche inconsciemment de la vérité, lorsqu'il déclare : « C'est moi dès lors qui lutterai pour lui, comme s'il eût été mon père » (l. 257-258, p. 20). Ce qui n'est dans son esprit qu'une hypothèse parfaitement invraisemblable (« comme si ») deviendra l'exacte réalité

Premier affrontement

RÉSUMÉ

Guidé par un enfant car il est aveugle, Tirésias refuse d'abord de parler. Œdipe s'emporte, le menace, le soupçonne d'avoir commandité le meurtre de Laïos. Sinon, pourquoi se tairait-il ? Tirésias se décide alors à dire ce qu'il sait. Le criminel, le responsable de la colère des dieux et des maux de Thèbes, c'est Œdipe lui-même.

Œdipe s'indigne. Tirésias ignore-t-il que, lui, Œdipe n'était pas à Thèbes quand fut tué Laïos ? Tirésias réitère ses dires. Il laisse même entendre qu'Œdipe est non seulement un régicide, mais un

---

1. *Imprécations* : malédictions.

parricide et un incestueux : « sous quel toit tu vis, en compagnie de qui ? – sais-tu seulement de qui tu es né ? » lui demande-t-il (l. 432-433, p. 27). Œdipe le chasse. Tirésias se retire en lui prédisant les pires malheurs.

REPÈRES POUR LA LECTURE DE LA PIÈCE

Une symétrie de situation

Œdipe et Tirésias sont dans une situation qui les rend à la fois semblables et en tous points opposés l'un à l'autre. C'est le propre de la symétrie. Chacun, dans son domaine, détient une autorité absolue : elle est politique chez Œdipe, religieuse chez Tirésias. Leur prestige est immense. Tirésias sait tout, même « ce qui demeure interdit aux lèvres humaines » (l. 299, p. 22). Œdipe règne sans conteste ni partage sur Thèbes. Tous deux n'en sont pas moins différents l'un de l'autre. L'aveugle Tirésias[1] « voit » la vérité. Œdipe qui, lui, voit, vit dans l'ignorance. À la cécité physique du devin répond la cécité morale du roi.

Un affrontement dramatique

Sur le plan dramaturgique[2], leur entrevue correspond à ce que les Grecs nommaient l'*agôn*, c'est-à-dire une scène où deux personnages s'affrontent dans deux tirades suivies de courtes répliques. C'est une lutte verbale.

La progression dramatique s'effectue en trois temps :
– d'abord Tirésias refuse de parler, non par ignorance, mais par épouvante ;
– ensuite, sous le coup de la colère, Œdipe impute le refus de Tirésias à une manœuvre politique destinée, avec la complicité de Créon, à le chasser du trône ; il en vient même à douter de la science divinatoire de Tirésias ; Œdipe s'égare ;

---

1. Sur les causes de la cécité de Tirésias → PROBLÉMATIQUE 5 p. 90.
2. Par « dramaturgie », on désigne les règles et la technique présidant à l'organisation et à l'écriture d'une pièce de théâtre.

– enfin, piqué au vif, Tirésias parle. Ses révélations vont croissant : il passe progressivement de l'accusation, explicite, de régicide à celle, implicite, de parricide et d'inceste (p. 28-29). Ces accusations revêtent en outre une forme de plus en plus énigmatique pour Œdipe. Ce sont des questions : « sais-tu seulement de qui tu es né ? » (l. 432-433, p. 27). Bien que considéré comme un expert en énigmes, depuis sa victoire sur le Sphinx, Œdipe ne comprend pas. Son aveuglement est complet. S'il semble l'emporter sur Tirésias en lui ordonnant de se retirer, sa supériorité n'est qu'apparente. Tirésias en effet se retire en prophétisant à Œdipe incrédule ce qui l'attend (p. 29).

Un *exemplum* de héros tragique

Œdipe est, dans cette scène, le type même du héros tragique, à un point tel qu'il peut en être l'illustration ou la définition. Au faîte de sa puissance, Œdipe est déjà au comble du malheur (même s'il ne le sait pas encore). Non par un effet de contraste ou d'opposition, mais par un effet de réversibilité : « C'est ton succès pourtant qui justement te perd » (l. 461-462, p. 28), lui dit Tirésias.

Le héros tragique est celui qu'accable un malheur exceptionnel au moment même où il s'estime dans la plénitude de son bonheur. La prise de conscience n'en sera que plus douloureuse et pathétique. Le ressort de la tragédie est donc le revirement, le changement d'une chose en son contraire ou, si l'on préfère, l'histoire d'une chute

LIGNES 485 à 519, PAGES 29 à 32

Lyrisme et perplexité du Chœur

RÉSUMÉ

Le Chœur chante sa confiance dans la justice divine, qui, déjà, s'apprête à frapper le coupable. Mais qui précisément ? Le Chœur avoue ne savoir que penser des accusations du devin. Certes, Tirésias ne s'est à présent jamais trompé, mais sa science est-elle pour autant infaillible ?

Une intervention lyrique

Cette deuxième intervention du Chœur accentue l'aspect musical de la tragédie de Sophocle (et de la tragédie grecque en général). Le Chœur se fait d'abord lyrique. En se retirant, Tirésias annonçait la réalisation de sa prophétie (p. 29). La justice des dieux est donc déjà à l'œuvre. Fort de cette certitude, le Chœur célèbre la clairvoyance des dieux. Les procédés stylistiques accentuent l'impact poétique. Présence d'anaphores[1] : « Déjà » (l. 490 et 495, p. 30) ; et de nombreux parallélismes : « Solitaire et misérable dans sa fuite misérable… » (l. 497, p. 30). Les images (comparaisons et métaphores) abondent : « plus robustes que ceux des cavales qui luttent avec les vents » (l. 488-489, p. 30) ; Zeus, « armé de flammes et d'éclairs » (l. 490, p. 30). Enfin le Chœur actualise la fuite du coupable qu'il décrit à l'indicatif présent. La vision de cette fuite s'impose à l'esprit du spectateur ou du lecteur, selon le principe de l'hypotypose[2].

Un aveu de perplexité

Si le Chœur ne nourrit aucun doute sur l'arrestation du coupable, il s'interroge cependant sur l'identité de celui-ci. Le champ lexical de l'indécision est d'une extrême variété : « Que dire ? Je ne sais. Je flotte au vent » (l. 501-502, p. 31), « Rien ne l'atteste » (l. 512, p. 31).

Le recours à la logique et à la raison ne l'éclaire pas davantage. Tirésias est certes un devin fort savant. Mais aucun « savoir humain » n'est infaillible. Et comment accuser Œdipe sans preuve ?

---

1. *Anaphore* : répétition d'un mot (ou d'un groupe de mots) en début de vers ou de phrase.
2. *Hypotypose* : ensemble des procédés d'écriture qui fait voir (impose à l'esprit du lecteur) une scène, un événement.

Affrontement entre Œdipe et Créon

RÉSUMÉ

Frère de la reine Jocaste, Créon s'indigne de ce qu'Œdipe le suspecte d'avoir manigancé un complot avec Tirésias afin de s'emparer du pouvoir.

À peine l'aperçoit-il qu'Œdipe le traite d'« insolent » (l. 542, p. 33), de « brigand » (l. 543, p. 33) puis, plus tard, de « rebelle » (l. 648, p. 37). Créon tente de se justifier. Il est dénué de toute ambition politique. Quel serait d'ailleurs son intérêt ? Comme frère de la reine, il obtient tout ce qu'il veut sans avoir à supporter les charges et les peines du pouvoir. Œdipe reste cependant convaincu que Créon est un « rebelle » qui complote contre lui et décide de le faire exécuter.

REPÈRES POUR LA LECTURE DE LA PIÈCE

Une scène de procès

L'affrontement entre Œdipe et Créon découle du précédent affrontement entre Œdipe et Tirésias. Œdipe avait interprété les révélations de Tirésias comme une manœuvre politique, ourdie avec la complicité de Créon. Ainsi s'explique la réapparition de ce dernier, qui revient sur scène pour se justifier d'un soupçon déshonorant (p. 32). La cohérence de l'action est donc totale.

Le face-à-face des deux hommes prend la forme d'un débat judiciaire. D'abord du point de vue de la situation des personnages : Œdipe est en position d'accusateur, Créon d'accusé. Ensuite du point de vue du déroulement de l'action : à un interrogatoire succèdent un plaidoyer *pro domo*[1], puis un réquisitoire.

---

1. *Plaidoyer* pro domo : auto-justification

Un interrogatoire tendu

L'interrogatoire est d'abord mené par Œdipe. C'est lui qui pose les questions et presse Créon, par d'impératives injonctions, de s'expliquer : « parle » (l. 545, p. 33), « ne commence pas » (l. 559, p. 34).

L'extrême vivacité des échanges est rendue de plusieurs façons :
– par le procédé de la stichomythie[1] : les répliques sont brèves et s'enchaînent sur un rythme rapide ;
– par des parallélismes de construction et des reprises :

> CRÉON. – Sur ce point justement, commence par m'écouter.
> ŒDIPE. – Sur ce point justement, ne commence pas…
>   (l. 557-559, p. 34) ;
> CRÉON. – Si vraiment tu t'imagines…
> ŒDIPE. – Si vraiment tu t'imagines… (l. 561 et 563, p. 34) ;

– par des interruptions de l'interlocuteur (p. 34 et p. 35) ;
– par la violence du vocabulaire : « assassin » (l. 543), « lâcheté », « sottise » (l. 546), « arrogance sans raison » (l. 561, p. 34) ;
– par le fait enfin que cet interrogatoire ne modifie pas les positions en présence : Œdipe reste persuadé de la trahison de Créon ; Créon, outre qu'il ne parvient pas à se justifier, demeure convaincu qu'Œdipe a perdu la raison.

Le plaidoyer *pro domo* de Créon

Pour renverser la situation à son avantage, Créon se lance dans une longue plaidoirie auto-justificatrice, qui est un modèle de stratégie argumentative.

Il en appelle d'abord au bon sens et à la raison de son interlocuteur (« Réfléchis à ceci », l. 609, p. 36). Sa démonstration est celle d'un raisonnement *a contrario* : il bénéficie des avantages du pouvoir sans en supporter aucune des servitudes. Pourquoi, dans ces conditions, souhaiterait-il devenir roi à la place d'Œdipe ? Créon procède par des questions de type oratoire – c'est-à-dire

---

1. Au sens strict, la stichomythie est un dialogue dont chaque réplique ne compte qu'un vers. Par extension, le mot désigne tout échange vif et rapide.

des questions dont la réponse est incluse dans leur formulation. C'est obliger Œdipe à répondre de lui-même, dans le sens que souhaite Créon.

Dans un deuxième temps, Créon en appelle à sa fidélité passée pour protester de sa fidélité présente. « La preuve ? » (l. 526, p. 36). S'il avait voulu comploter contre Œdipe, il ne lui aurait pas consciencieusement rapporté l'oracle d'Apollon. Or c'est ce qu'il a fait. Œdipe peut le vérifier.

Créon use enfin d'arguments moraux et de saine justice. On ne condamne pas sur un « soupçon » (l. 531), sur un malentendu : « Rejeter un ami loyal, c'est en fait se priver d'une part de sa propre vie » (l. 533-534, p. 36).

En bon avocat, Créon renverse l'accusation. Soupçonné d'être un « félon », il conclut en se présentant comme un « être loyal ». Si habile que soit son plaidoyer, Créon échoue pourtant. Œdipe ne veut rien entendre. La tension dramatique est d'autant plus grande qu'Œdipe menace de faire exécuter Créon (l. 645, p. 37).

LIGNES 663 à 680, PAGE 38

Première apparition de Jocaste

RÉSUMÉ

Alertée par le bruit de l'affrontement entre les deux hommes, Jocaste accourt les séparer et apaiser leur querelle.

REPÈRES POUR LA LECTURE DE LA PIÈCE

Une intervention apaisante et presque maternelle

Le passage est d'autant plus important que c'est la première apparition de Jocaste. Son intérêt est triple :
– sur le plan dramatique, Jocaste met fin à l'affrontement de Créon et d'Œdipe qui risquait de déboucher sur une catastrophe ;
– Jocaste apparaît en reine, consciente de ses responsabilités.

Elle rappelle les leurs aux deux hommes : « N'avez-vous pas de honte, lorsque votre pays souffre ce qu'il souffre, de remuer ici vos rancunes privées ? » (l. 664-666, p. 38) ;

– son rappel à l'ordre ressemble enfin à celui d'une mère à ses enfants. Elle les renvoie respectivement chez eux. Comme deux enfants, Créon et Œdipe protestent de leur droit respectif, mais finissent par obéir.

LIGNES 681 à 725, PAGES 39 à 40

Supplique du Chœur

RÉSUMÉ

Tout en renouvelant sa fidélité à Œdipe, le Chœur ne lui en demande pas moins d'épargner Créon. Un soupçon n'est pas une preuve. Et Créon n'est-il pas son beau-frère ?

REPÈRES POUR LA LECTURE DE LA PIÈCE

Un appel à la raison

Cette intervention du Chœur correspond à ce que les Grecs nommaient le *kommos* : un dialogue (à l'époque, chanté) entre les choreutes[1] et les personnages.

Le Chœur joint ses efforts à ceux de Jocaste afin d'apaiser la querelle entre Œdipe et Créon (« Cède à sa prière », l. 681, p. 39). Sa supplique, son serment de fidélité au roi convainquent Œdipe de revenir sur sa décision de faire exécuter Créon : il se résout à le faire exiler.

Mais il s'agit moins d'un acte de clémence ou de générosité que d'une résignation. Œdipe ne peut ignorer les réactions et la prière du Chœur, qui représente la ville. Aussi cède-t-il, tout en faisant remarquer que Créon reste « l'objet de [sa] haine » (l. 702, p. 40).

---

1. *Choreute* : un membre du Chœur.

Les révélations inquiétantes de Jocaste

RÉSUMÉ

Jocaste cherche à rassurer son mari. Elle lui dit posséder la preuve qu'il ne peut être le meurtrier de Laïos. Un oracle avait en effet prédit à Laïos qu'il mourrait de la main de son fils. Or, d'une part, Laïos a été assassiné par plusieurs brigands et, d'autre part, il a abandonné son fils, sitôt né, sur le mont Cithéron. L'oracle – ou plus exactement le devin qui s'en prétendait l'interprète – s'est donc trompé.

Mais plus Jocaste s'efforce d'apaiser les craintes d'Œdipe, plus celui-ci s'inquiète. À sa demande angoissée, Jocaste lui détaille les circonstances de l'assassinat, du moins ce qu'elle en sait d'après le rapport que lui en a fait l'unique survivant du drame.

Déjà âgé, Laïos était dans un chariot que cinq hommes escortaient. L'attaque se produisit au croisement des routes de Delphes et de Daulia. C'était peu avant qu'Œdipe ne triomphe du Sphinx et n'arrive à Thèbes.

Œdipe demande qu'on recherche au plus vite ce témoin et explique pourquoi à Jocaste. Durant son enfance, lors d'un banquet, un convive l'avait traité d'« enfant supposé » (l. 816, p. 45). Voulant savoir si Polybe, roi de Corinthe, était bien son père et si Mérope était sa vraie mère, il s'était discrètement rendu à Delphes consulter l'oracle d'Apollon.

Le dieu n'avait pas daigné lui répondre sur ce point, mais il lui avait prédit le plus lamentable destin : lui, Œdipe, tuerait son père, épouserait sa mère et engendrerait une race monstrueuse.

Pour échapper à ce sort, Œdipe avait décidé de ne plus revoir ses parents et de ne jamais retourner à Corinthe. Il avait marché au hasard. Près d'un croisement, un chariot lui avait barré la route. Une rixe s'en était suivie. Il avait tué ses adversaires, à l'exception d'un seul qui s'était enfui. Parmi ses victimes figurait un vieillard. Ne serait-il pas le meurtrier de Laïos ?

Voilà pourquoi Œdipe tient à interroger l'unique survivant du combat. Si celui-ci confirme que les assaillants de Laïos étaient plusieurs, son innocence éclatera.

REPÈRES POUR LA LECTURE DE LA PIÈCE

Un renversement dramatique

L'entretien de Jocaste et d'Œdipe est techniquement construit sur le procédé du renversement : l'effet produit est l'inverse du but recherché. Plus Jocaste s'efforce de rasséréner Œdipe, moins elle l'apaise. Les preuves, qu'elle prétend apporter de l'innocence de son mari, se changent en autant de motifs de crainte et d'indices de culpabilité.

Ce renversement rythme la progression de la scène : « Ah ! comme à t'entendre, je sens soudain, ô femme, mon âme qui s'égare » (l. 755-756, p. 42), s'exclame Œdipe suite aux premières informations que Jocaste lui donne sur la mort de Laïos. « Ah ! cette fois tout est clair !… » (l. 791, p. 44), s'écrie-t-il après qu'elle lui a livré plus de précisions sur le chariot et son escorte. « Tout cela, je l'avoue, m'inquiète » (l. 883, p. 46), commente le Chœur après le récit d'Œdipe. On assiste donc à la montée progressive de l'angoisse.

Une inquiétude pathétique

Œdipe n'est plus le roi orgueilleux et colérique qu'il était devant Tirésias et Créon. L'horreur et l'angoisse qu'il éprouve devant une vérité que tout à la fois il commence à soupçonner et qu'il craint de découvrir, le rendent pathétique.

Le champ lexical de l'épouvante est varié et constant : « Ma raison qui chancelle » (l. 756, p. 42), « Malheureux ! je crains » (l. 778), « Je perds terriblement courage » (l. 782, p. 43)…

Pour surcroît de détresse, Œdipe prend conscience qu'en maudissant les meurtriers de Laïos, il s'est peut-être maudit lui-même : « c'est moi-même qui me trouve aujourd'hui avoir lancé contre moi-même les imprécations que tu sais » (l. 849-851, p. 46).

Le spectateur qui en sait davantage sur Œdipe qu'Œdipe n'en sait sur lui-même, ne peut que le prendre en pitié. Le « malheureux » n'est en effet qu'au début de son enquête.

Un espoir vain

L'entrevue s'achève sur une ultime note d'espoir : l'unique survivant et témoin du drame innocentera peut-être Œdipe. Mais plusieurs indices rendent cet espoir illusoire aux yeux du spectateur (ou du lecteur) :

– D'abord la fuite précipitée de ce témoin qui s'est depuis cantonné dans une solitude et un mutisme complets. Pour quelles raisons, sinon inquiétantes ?

– Ensuite le silence de Jocaste sur son propre rôle, ou sur ses réactions, lors de l'abandon du fils de Laïos, dont elle est la mère. Jocaste dit-elle vraiment tout ce qu'elle sait ou redoute ?

– Enfin le silence des deux époux sur un détail physique que l'un et l'autre connaissent : le fils de Laïos fut, aux dires mêmes de Jocaste, transporté sur le mont Cithéron, les talons liés (p. 42). Or la ligature a laissé des traces – des traces semblables à celles qu'Œdipe porte aux pieds[1].

---

1. Cette mutilation a reçu diverses explications. Tantôt elle provient de la manière dont on aurait transporté le nourrisson : par un crochet ou un bâton ; des traces en seraient restées. Tantôt il s'agit non plus d'une mutilation mais d'une malformation. En grec, œdipe signifie « pieds enflés » et, par extension « le boiteux ».

Prière du Chœur

RÉSUMÉ

Horrifié par ce qu'il vient d'entendre, le Chœur supplie le « Destin » (l. 892, p. 48) de le maintenir dans le droit chemin et dans l'obéissance aux lois divines. Malheur à celui qui, par orgueil et « démesure » (l. 900, p. 48), les transgresse, « sans crainte de la justice » (l. 909, p. 48) ! Zeus le châtiera.

REPÈRES POUR LA LECTURE DE LA PIÈCE

L'invocation du Chœur

Ce chant du Chœur est une prière, comme le montre la formule optative initiale : « Ah ! fasse le Destin que… » (l. 892, p. 48). Les invocations aux divinités abondent par ailleurs. Par cette prière, le Chœur se présente comme le gardien fidèle et respectueux des lois morales et religieuses : « Dieu est ma sauvegarde et le sera toujours » (l. 906-907, p. 48). Aussi maudit-il les impies et les sacrilèges : « Le respect des dieux s'en va » (l. 927, p. 49). Sur le registre lyrique, le Chœur s'érige en juge.

La faute tragique

Surtout, celui-ci définit ce qui, dans la tragédie grecque, constitue par excellence la faute tragique : la « démesure » (l'*hybris*) qui, poussant l'homme à dépasser les limites imposées par la nature, appelle un inéluctable châtiment. Sacrilège, ce fol « orgueil » est aussi tyrannique. Œdipe en est désormais victime, bien que son nom ne soit pas expressément cité. En s'affranchissant de leurs lois, il défie les dieux.

Une fausse bonne nouvelle

RÉSUMÉ

Survient un Messager de Corinthe qui informe Œdipe du décès naturel de Polybe. Bien qu'elle soit triste, la nouvelle soulage Œdipe, car elle dément les prédictions de l'oracle.

Pour autant, Œdipe n'est pas complètement apaisé. Sa mère Mérope vit encore et tant qu'elle vivra, il redoutera de devenir incestueux. N'est-ce pas ce que l'oracle lui a aussi prédit ?

Pour, pense-t-il, définitivement le rassurer, le Corinthien lui révèle que ni Polybe ni Mérope ne sont ses vrais parents. Il est un enfant trouvé dans le Cithéron. Un berger le recueillit à peine né, le remit à lui, le Corinthien, qui le confia à son tour à Polybe et à Mérope, qui se désespéraient de ne pas avoir d'enfant.

Après ces révélations, Œdipe presse le Corinthien de questions. Qui est ce berger ? Vit-il encore ? Que sait-on de lui ? Aux dires du Corinthien, il appartenait aux « gens » de Laïos. Œdipe ordonne qu'on le fasse rechercher au plus vite. Jocaste le lui déconseille fermement. Ne vaut-il pas mieux ne rien savoir ? Redouterait-elle de découvrir qu'elle a épousé un « fils et petit-fils d'esclave » (l. 1112) ? lui réplique Œdipe. Une dernière fois, Jocaste le supplie de ne rien entreprendre : « Ah ! puisses-tu jamais n'apprendre qui tu es ! » (l. 1130, p. 57). Elle rentre « éperdue » (p. 58) dans le palais, tandis qu'Œdipe échafaude de nouvelles hypothèses. Est-il un fils d'esclave ? Ou, plutôt, n'est-il pas le fils de « Fortune la Généreuse » (l. 1143, p. 58), c'est-à-dire d'un dieu ?

REPÈRES POUR LA LECTURE DE LA PIÈCE

Coup de théâtre et renversement de situation

L'arrivée du Corinthien constitue un coup de théâtre. Le décès de Polybe semble donner raison à Jocaste, depuis longtemps sceptique sur la validité des oracles. À ce stade, la tragédie paraît tourner court.

Mais, en habile dramaturge, Sophocle fait rebondir l'action par les explications ultérieures du Corinthien. D'où une série de renversements :

– du soulagement à l'angoisse, chez le spectateur ;
– de l'angoisse au soulagement, chez Œdipe ;
– de la tranquillité aux mises en garde et au silence inquiétant de Jocaste.

Un tournant de l'enquête

Agent involontaire du Destin, le Corinthien donne à l'enquête une orientation décisive. La question n'est plus : qui a tué Laïos ? mais qui est Œdipe ? Certes, c'est la même question, mais posée différemment. Cependant Œdipe l'ignore et sa hâte de résoudre le mystère de sa naissance devient compréhensible. L'enquête va donc s'accélérer. Œdipe connaît l'origine de son nom : « pieds enflés[1] ». Il lui reste à découvrir l'essentiel, c'est-à-dire le plus monstrueux.

Un sommet tragique

Si compréhensible que soit son impatience, Œdipe n'en court pas moins à sa perte. Il la précipite et, par là même, il devient autant victime que responsable de son malheur. Ce qui le pousse en effet, c'est de nouveau l'*hybris*, la « démesure », qui le convainc de son origine divine.

Le malentendu entre les deux époux est par ailleurs total. Œdipe attribue les avertissements de Jocaste à la honte d'une mésalliance. En réalité, elle a depuis longtemps reconnu son fils en Œdipe aux « pieds enflés ». C'est son douloureux secret : « C'est assez que je souffre, moi » (l. 1122, p. 57). Par amour, elle s'efforce de le défendre contre lui-même.

Avec le piège qui se referme sur Œdipe, avec l'attitude pathétique de Jocaste qui se mure finalement dans le silence, la scène atteint un sommet tragique.

---

1. Voir note 1, p. 35

Fol espoir du Chœur

RÉSUMÉ

Gagné par l'ivresse d'Œdipe, le Chœur se demande de quel dieu celui-ci peut être le fils : de Phébus ? d'Hermès, né sur une montagne, comme Œdipe sur le mont Cithéron ? Bacchus le recueillit-il « comme fils des mains d'une des Nymphes » (l. 1160-1161, p. 59) ? La gloire du Cithéron sera bientôt comparable à celle de l'Olympe où séjournent les dieux !

REPÈRES POUR LA LECTURE DE LA PIÈCE

Le refus du tragique

L'hypothèse d'une origine divine d'Œdipe ouvre une nouvelle perspective, plus heureuse que celle prédite par l'oracle. En effet, si elle est vraie, le tragique s'éloigne : Œdipe ne peut avoir tué son père.

« Si je suis bon prophète, si mes lumières me révèlent le vrai... », chante le Chœur (l. 1148-1149, p. 58). La proposition conditionnelle résonne presque ironiquement. Comme Œdipe, le Chœur s'égare. L'avenir le démontrera, le présent le suggère déjà : trop optimiste, le Chœur néglige les réactions de Jocaste. Plus rude sera la désillusion...

L'instant de vérité

RÉSUMÉ

Survient le berger qu'Œdipe a mandé. Le Coryphée (le chef du Chœur) le reconnaît aussitôt comme l'un des serviteurs du roi Laïos. Le Corinthien l'identifie, de son côté, comme l'homme qui lui remit jadis un nouveau-né. Œdipe presse le vieillard de questions. Le Serviteur élude et finit, sous la menace, par parler.

Le nouveau-né était le fils de Laïos. C'est Jocaste qui le lui avait remis pour qu'il le tue. Le courage lui ayant manqué, il avait donné l'enfant au Corinthien pour qu'il l'emporte le plus loin possible.

Œdipe sombre dans un désespoir absolu et « se rue dans le palais » (p. 63). L'oracle avait donc dit vrai !

REPÈRES POUR LA LECTURE DE LA PIÈCE

Une attente dramatique

L'enquête arrive à son terme : c'est l'instant de vérité, que chacun redoute. Cette vérité n'est pourtant pas délivrée d'emblée. Les réticences du Serviteur ménagent l'intérêt dramatique. Il somme le Corinthien de se taire, supplie Œdipe de ne pas l'interroger, regrette de ne pas être mort. Ce sont autant de procédés de retardement qui accroissent la tension et l'inquiétude. Si le Serviteur préfère mourir que parler, c'est qu'il détient un atroce secret !

Dire le tragique

Autant que la vérité, importe la manière dont elle est dite. Comment exprimer l'horreur et l'indicible ? Plus l'on s'approche de la révélation du parricide et de l'inceste, plus la scène devient d'une sobriété nerveuse.

Les questions d'Œdipe se font sèches, précises, parfois réduites à un groupe nominal : « De qui ? » (l. 1133), « Esclave ?… Ou parent du roi ? » (l. 1238), « Dans quelle intention ? » (l. 1245, p. 62). C'est aller à l'essentiel.

Les réponses du Serviteur recourent à la litote[1] : « Il *passait* pour son fils » (p. 225) – et non « était son fils » ou « tu es son fils ». Il ne nomme pas Jocaste, mais dit « ta femme ». Et c'est Œdipe qui prononce le mot de « mère » (p. 225). La vérité est en elle-même trop monstrueuse pour qu'elle nécessite des effets oratoires. Rien n'est plus pathétique que l'atroce simplicité de ces répliques, qui forment presque un duo :

---

1. *Litote* : procédé qui consiste à atténuer la force des mots pour leur donner plus de vigueur.

LE SERVITEUR. – Hélas ! j'en suis au plus cruel à dire.
ŒDIPE. – Et pour moi à entendre. (l. 1239-1240, p. 62)

Le désespoir d'Œdipe

La scène s'achève sur un cri d'Œdipe à double sens : « Ah ! lumière du jour, que je te voie ici pour la dernière fois… » (l. 1257-1258, p. 63). L'interprétation la plus immédiate est de conclure à la décision d'Œdipe de se suicider. Celui-ci prend conscience de toute l'horreur de sa situation : « je me révèle le fils de qui je ne devais pas naître, l'époux de qui je ne devais pas l'être, le meurtrier de qui je ne devais pas tuer ! » (l. 1259-1261, p. 63).

Le rythme ternaire de la phrase, le parallélisme des formules (« de qui je ne devais pas »), la gradation dans la monstruosité (l'origine maudite, l'inceste, le parricide) : tout souligne l'impossibilité de continuer à vivre. La suite montrera une réalité plus atroce encore. Enfin révélé, le tragique n'est pas pour autant épuisé.

LIGNES 1262 à 1291, PAGES 63 à 64

Lamentations du Chœur

RÉSUMÉ

Le Chœur plaint Œdipe. Roi de Thèbes, puissant, honoré pour avoir naguère délivré la ville, époux heureux et père comblé, Œdipe est maintenant le plus infortuné des hommes. Comment, désormais, estimer « heureux qui que ce soit parmi les hommes » (l. 1268-1269, p. 63), si le plus envié se révèle le pire des criminels ?

REPÈRES POUR LA LECTURE DE LA PIÈCE

Une déploration lyrique

Il s'agit d'une lamentation du Chœur, comme l'indique l'étendue du champ lexical de la plainte : « pauvres générations » (l. 1262), « malheureux Œdipe » (l. 1267-1268, p. 63), « plus malheureux que toi » (l. 1277-1278), « désastres, misères plus atroces » (l. 1278, p. 64).

Cette longue déploration relève du registre lyrique :

– par ses apostrophes multiples : aux « générations humaines », à Œdipe, à Zeus ;

– par ses accents de commisération : « Ah ! noble et cher Œdipe ! » (l. 1280, p. 64) ;

– par l'opposition du passé et du présent, qui recouvre celle du bonheur et du malheur ;

– par le désespoir personnel du Chœur.

Un exemplum philosophique

Lyrique, le Chœur est aussi didactique. Il érige l'« exemple » (le « cas significatif ») d'Œdipe en symbole de la condition humaine, sur laquelle nous sommes conviés à méditer. Si le plus intelligent et le plus heureux est le plus monstrueux, qu'est-ce que le bonheur et la réussite ? Tout n'est dès lors qu'apparence, erreur, « revirement » soudain (l. 1279, p. 64) et vanité. La vie d'Œdipe a valeur de leçon universelle : « Pauvres générations humaines, je ne vois en vous qu'un néant ! » (l. 1262-1263, p. 63).

LIGNES 1292 à 1374, PAGES 64 à 68

Suicide de Jocaste, mutilation d'Œdipe

RÉSUMÉ

Un Messager annonce au Coryphée (le chef du Chœur) le suicide de Jocaste, qui s'est pendue dans la chambre conjugale. Quant à Œdipe, qui s'était précipité sur ses pas, il a arraché les agrafes d'or de la tunique de Jocaste avec lesquelles il s'est crevé les yeux. Le voici qui apparaît « la face sanglante, cherchant sa route à tâtons », suscitant l'horreur et la pitié du Coryphée.

Un récit pathétique

Le suicide de Jocaste et la mutilation d'Œdipe ne sont pas montrés sur scène, mais rapportés dans un récit. Cette narrativisation atténue certes ce qu'une vision directe aurait d'insupportable. Elle n'en est pas moins atroce par ce qu'elle donne d'« effrayant à voir autant qu'à entendre » (l. 1373-1374, p. 68).

Les champs lexicaux de l'ouïe et de la vue sont permanents : Jocaste « appelle » (l. 1312), « évoque » (l. 1313), « gémit » (l. 1315, p. 65) ; Œdipe va « hurlant » (l. 1318, p. 65), « suppliant » (l. 1321), pousse « un cri terrible » (l. 1325-1326, p. 66).

Les commentaires du Corinthien soulignent l'atrocité de la scène à laquelle il a assisté : « Tu vas savoir ce qu'a souffert l'infortunée » (l. 1308-1309, p. 65), « C'est un spectacle alors atroce à voir » (l. 1332, p. 66), « Tu vas contempler un spectacle qui apitoierait même un ennemi » (l. 1360-1361, p. 67). Les mots recréent la scène, l'imposent dans toute sa violence à l'esprit du spectateur : ils forment une vaste hypotypose[1].

Avec l'apparition d'Œdipe, les yeux crevés, le pathétique atteint son paroxysme. Comme le Coryphée, le spectateur ne peut éprouver qu'une pitié infinie.

Un récit dramatisé

Au théâtre, où tout en principe doit être action, tout long récit encourt le risque du statisme. Sophocle l'évite en donnant à sa narration un rythme et une vivacité extrêmes :
– par l'accumulation des verbes de mouvement ;
– par l'insertion du style direct (les paroles d'Œdipe sont rapportées) et indirect libre (les paroles de Jocaste sont rapidement citées) ;
– par la multiplication des interlocuteurs réels (le Corinthien s'adresse au Coryphée) et fictifs (Jocaste s'adresse à Laïos) ;

---

1. Voir note 2, p. 28.

– par la variété des points de vue. Le récit est rapporté à travers les yeux du Corinthien, mais aussi à travers les réactions de Jocaste et d'Œdipe.

LIGNES 1375 à 1461, PAGES 68 à 71

Le désespoir d'Œdipe

RÉSUMÉ

Saisi d'effroi par ce sanglant spectacle autant que par l'horreur des crimes d'Œdipe, le Coryphée plaint Œdipe de vivre encore. Œdipe lui-même souhaite n'avoir jamais vécu. Pourquoi un berger le recueillit-il sur le mont Cithéron ? En lui sauvant la vie, il a fait de lui « le maudit entre les maudits » (l. 1397, p. 68).

REPÈRES POUR LA LECTURE DE LA PIÈCE

Effroi et commisération du Chœur

L'apparition d'Œdipe suscite l'effroi du Chœur : « Oh ! qu'as-tu fait ? » (l. 1385, p. 68), mais aussi sa pitié. Il ne condamne ni n'accable Œdipe : il le plaint. Tout, même la mort, aurait été préférable à ce « malheur au-delà du malheur » (l. 1411, p. 69). D'où le recours à l'irréel du passé :

> LE CHŒUR. – Comme j'aurais voulu que tu n'eusses rien su !
> (l. 1400, p. 69)
> LE CHŒUR. – Moi aussi, c'eût été mon vœu. (l. 1406, p. 69)

Les explications d'Œdipe

Le Coryphée assure dans ce passage une fonction d'utilité dramatique. Ne comprenant pas pourquoi Œdipe ne s'est pas suicidé, il le pousse à s'expliquer.

– Œdipe s'est volontairement mutilé : « aucune autre main n'a frappé que la mienne », (l. 1389, p. 68). Face aux dieux qui l'ont voué au destin le plus atroce, il affirme sa liberté en se punissant lui-même. Que cette liberté surgisse dans l'acte même de se châtier accroît le tragique.

– Œdipe s'est rendu aveugle pour ne plus avoir ni sur cette terre ni aux « enfers », la « honte » de contempler ses forfaits à la vue de ses parents et de ses enfants. C'est une manière de s'exclure du monde, des hommes, de la cité ; d'être dans l'ailleurs de la culpabilité.

LIGNES 1462 à 1578, PAGES 71 à 75

L'aveugle exilé

RÉSUMÉ

Arrive Créon, qui exerce désormais le pouvoir. Œdipe le supplie de l'exclure ou, mieux, de le faire tuer. Créon lui répond qu'il veut d'abord consulter les dieux avant de se décider. Œdipe lui demande alors de veiller sur ses deux filles, Antigone et Ismène, et sollicite de les embrasser une dernière fois. Œdipe se désole de l'avenir qui les attend. Qui acceptera la compagnie de filles nées d'un père parricide et incestueux ? Qui voudra les épouser ? Créon ordonne à Œdipe de regagner le palais, dans l'attente de la décision des dieux, qui fixera son sort. Le Coryphée tire la leçon de cette tragique journée : « Gardons-nous d'appeler jamais un homme heureux, avant qu'il ait franchi le terme de sa vie sans avoir subi un chagrin » (l. 1576-1578, p. 75).

REPÈRES POUR LA LECTURE DE LA PIÈCE

Créon et Œdipe

Cette troisième et dernière rencontre entre Œdipe et Créon est très différente des deux précédentes[1].

---

1. La première rencontre a lieu quand Créon rapporte à Œdipe l'oracle de Delphes (voir p. 19) ; et la deuxième, quand Créon tente de se justifier des accusations portées contre lui (voir p. 29).

Les rapports sont désormais inversés : Créon est le nouveau roi de Thèbes, Œdipe en est le souverain déchu. Le premier, qui ne souhaitait pas le pouvoir, l'assume ; le second, qui l'avait tant ambitionné, l'a perdu.

L'attitude de Créon est en outre l'inverse de celle qu'Œdipe avait eue à son égard. Accusé de trahison, menacé de mort puis d'exil, Créon aurait toute raison d'accabler Œdipe : « Je ne viens point ici pour te railler », lui dit-il au contraire (l. 1465, p. 71). Il se montre humain, compatissant, lui ménageant même une rencontre avec ses deux filles. Comme si l'ampleur du malheur d'Œdipe, en dépassant toute imagination, ne pouvait que susciter la sympathie et non l'opprobre, la commisération et non la condamnation. Aussi Créon s'en remet-il aux dieux pour décider du sort d'Œdipe.

L'exemplaire dignité d'Œdipe

Œdipe, de son côté, a profondément changé. L'orgueilleux qu'il était, fier de son pouvoir et de son intelligence, découvre la modestie, l'inquiétude, l'obéissance. Ayant compris que nul ne peut échapper aux oracles, il se soumet à la volonté des dieux. Il assume son sort, sans se plaindre ni accuser le Destin. Dans son infinie détresse, il songe aux autres : à Créon, à qui il confie le soin d'ensevelir Jocaste, et surtout à ses deux filles, dont il déplore longuement la condition présente et future (p. 73).

Un final pathétique

Tout concourt ainsi à créer, dans cette dernière scène, un climat pathétique. Les adieux du père à ses filles engendrent une émotion douloureuse et compassionnelle. Œdipe « rentre » dans le palais. Son ultime cri est pour ses filles. Il s'éloigne claudicant, marchant à tâtons, portant le poids d'une indicible souffrance, d'une culpabilité sans limite[1]. Mais sans un mot contre le Destin qui s'est joué de lui.

---

1. Sur la culpabilité d'Œdipe → PROBLÉMATIQUE 11, p. 116.

LE FILM

Générique

Des cartons[1] se succèdent à l'écran. En caractères d'imprimerie noirs sur fond blanc, ils donnent la liste des acteurs avec le nom des personnages que chacun d'eux interprète, ainsi que celle des techniciens. Pasolini joue lui-même le rôle du Prêtre. On entend des grillons puis une musique militaire.

LE PROLOGUE (en Italie, dans les années 1920)

SÉQUENCE 2

La naissance

RÉSUMÉ

Extérieur. Un insert[2] cadre une borne indiquant Thèbes.

Extérieur. Plan général sur un champ bordé au fond par des habitations. Puis une rue, une maison, sous le soleil d'une fin d'après-midi. À droite, un monument aux morts, à gauche, la façade d'une maison aux volets clos ; près de la porte d'entrée, une bicyclette. Deux soldats en uniforme passent dans la rue.

Extérieur/Intérieur. Une chambre vue de l'extérieur. Par la fenêtre on assiste à l'accouchement d'une femme. Fondu au noir rapide (obscurcissement complet de l'image).

---

1. *Carton* : texte filmé, en référence au support utilisé aux débuts du cinéma.
2. *Insert* : plan cadrant un objet ou un détail d'un personnage.

Une genèse actualisée

Tout entier de l'invention de Pasolini, ce prologue modernise l'histoire d'Œdipe. Lieux, habitations et habits renvoient à l'Italie de l'après Première Guerre mondiale. Le spectateur en est d'autant plus surpris que la première image est celle d'une borne indiquant « Thèbes ». Comme dans l'univers du rêve, les distances et les époques s'entremêlent.

Une genèse en forme d'autoportrait

Pasolini prête à son personnage des éléments de sa propre vie, dont celui d'être le fils d'un officier de carrière : d'où la musique militaire du générique et le monument aux morts.

SÉQUENCE 3

Souvenirs de prime enfance

RÉSUMÉ

Extérieur. Des jeunes femmes jouent dans un pré. Gros plan sur un bébé dans l'herbe. Les jeunes femmes s'éloignent en courant. Le bébé s'agite. Fondu enchaîné. La mère donne le sein à son enfant. Gros plan sur le bébé. Puis long gros plan sur le visage de la mère, heureuse puis soucieuse. Gros plan sur le bébé. Très long panoramique sur les cimes des arbres.

Extérieur. Façade d'une maison d'où pend le drapeau royal italien. Poussant une voiture d'enfant, la mère s'en va à la rencontre d'hommes et de femmes endimanchés. Gros plan sur le père, en uniforme, qui regarde longuement son enfant. Un « carton » indique : « Tu es ici pour prendre ma place dans le monde et me voler tout ce que j'ai. » On entend des rires. Gros plan du père, nouveau carton : « La première chose que tu me voleras, ce sera elle, la femme que j'aime… Et déjà tu me voles son amour. »

La technique du gros plan

À plusieurs reprises, Pasolini cadre le visage de ses personnages. Plus il les montre, plus, en l'absence de toute voix *off*[1],
ceux-ci deviennent énigmatiques. À quoi pensent la mère et son
enfant ?

Les cartons, technique du cinéma muet

Les cartons représentent les pensées du père. Au lieu de
recourir à une voix *off*, Pasolini recourt à la technique du cinéma
muet, qui utilisait ce procédé des intertitres.

Une lecture psychanalytique

Pasolini place d'emblée l'histoire d'Œdipe dans le sillage de
la psychanalyse et du « complexe d'Œdipe[2] », élaboré par Freud
à partir des années 1897. Le pré est le substitut symbolique du
corps maternel et préfigure le lieu des amours transgressives. Le
père, quant à lui, sait déjà que son fils va lui « voler » sa femme.
L'inceste s'inscrit ainsi dès l'origine.

SÉQUENCE 4

La découverte du désir

RÉSUMÉ

Intérieur. La nuit. Après avoir vérifié que leur enfant dort, les
parents se préparent pour aller au bal. On entend une musique de
danse. Plan général sur le lieu de la fête. Retour dans la chambre
de l'enfant, lequel s'agite en appelant sa mère, s'approche de
la fenêtre d'où il aperçoit ses parents enlacés. Éclate un feu
d'artifice, dont les lumières et le bruit l'affolent. De retour du bal,

---

1. Un son est dit *off* quand il provient d'une source invisible à l'écran.
2. Sur le complexe d'Œdipe, attachement érotique d'un fils pour sa mère ➜ PROBLÉMATIQUE 2,
p. 76.

les parents font l'amour. Gros plan de l'enfant qui regarde vers leur chambre. On entend des flûtes et un tambour (thème musical du destin). Le père sort de la chambre conjugale, entre dans celle de son fils. Gros plan du père, sa figure éclairée en contre-jour. L'enfant pleure, crie « Maman ». Gros plan des mains du père qui lui serre les chevilles.

REPÈRES POUR LA LECTURE FILMIQUE

La découverte de la « scène primitive »

L'enfant entrevoit ses parents faire l'amour, découvrant ainsi la sexualité. Cette union d'un homme et d'une femme duplique ce qu'on appelle en psychanalyse la « scène primitive », celle de la genèse de tout individu. Observée dans l'obscurité, elle revêt un caractère à la fois lointain et proche, sacré et mystérieux, réelle et interdite.

La haine réciproque du père et du fils

Comme en témoignent ses cris et ses pleurs, l'enfant déteste son père qui, à ses yeux, lui prend littéralement sa mère. Il l'appelle d'ailleurs à son secours quand son père s'approche de lui. De son côté le père voit en son fils un rival. Le plan où il serre les chevilles de son enfant possède une double signification. C'est s'inscrire dans la légende d'Œdipe, dont le nom signifie en grec « petits pieds enflés ». Selon Pasolini lui-même, les pieds d'Œdipe symbolisant le sexe masculin, c'est aussi une tentative d'atrophier sa virilité, de tuer le rival.

PREMIÈRE PARTIE : ŒDIPE DE CORINTHE À THÈBES

Cette première partie retrace l'histoire d'Œdipe jusqu'à son arrivée à Thèbes, avant qu'il n'épouse Jocaste et qu'il ne devienne roi. C'est la préhistoire de la tragédie de Sophocle, qui se présente comme un long rêve de l'enfant, comme une extension onirique de se débarrasser de son père et de s'unir à sa mère. Le raccord avec la fin du prologue s'effectue par le biais des pieds.

SÉQUENCE 5

L'adoption d'Œdipe

RÉSUMÉ

Extérieur. Le mont Cithéron. Un homme marche, portant un enfant en pleurs pendu à un bâton par les poignets et les chevilles. Des vautours tournent dans le ciel, un serpent se faufile entre des roches. L'homme couvert d'un large chapeau conique dépose l'enfant à terre qu'il renonce au dernier moment à tuer d'un coup de lance. Il s'enfuit, abandonnant l'enfant à même le sol.

Extérieur. Autre partie du Cithéron. Un berger marche, croise l'homme au chapeau sans lui parler, entend des pleurs, court dans leur direction, découvre Œdipe, lui délie les mains et les pieds, l'emporte dans ses bras.

Extérieur. Devant les murs de Corinthe. Des enfants jouent au milieu de troupeaux de moutons. Le roi Polybe se tient au milieu d'une petite cour. Le berger lui tend l'enfant, que Polybe, sans descendance, adopte aussitôt et qu'il surnomme « Fils de la Fortune » (du hasard heureux).

Extérieur. Tout près de Corinthe. Polybe s'en retourne vers la ville à dos d'âne, en longeant les hautes murailles. Des chants africains se font entendre de plus en plus fort.

Extérieur. Les rives d'un fleuve près de Corinthe. Polybe court vers Mérope, sa femme, à qui il présente et donne l'enfant. Gros plan de Polybe embrassant les pieds d'Œdipe. Gros plan de Mérope, d'abord « triste et sérieuse » puis heureuse : « mon petit "pieds gonflés" », dit-elle, « mon petit Œdipe ». Chant des servantes.

REPÈRES POUR LA LECTURE FILMIQUE

Une transposition spatio-temporelle

Pasolini ne tente pas de recréer la Grèce antique. Les paysages sont ceux du sud marocain, où le film a été tourné. Les chants appartiennent au folklore africain ; les vêtements et les coiffes, à l'art aztèque. Toute localisation précise en devient impossible. L'absence de repères temporels interdit de même la moindre datation. L'action se déroule dans un ailleurs spatio-temporel lointain : dans le temps immémorial du mythe.

Une omission majeure dans le choix des invariants

Cette première partie du film reprend les données fondamentales de la légende, sans lesquelles l'histoire d'Œdipe deviendrait incompréhensible : son abandon sur le mont Cithéron, son adoption, suite à l'intervention salvatrice d'un berger par les souverains de Corinthe. À noter toutefois une omission majeure, volontaire : la fatalité qui pèse sur Œdipe et justifie son abandon n'est pas rappelée.

Champ et contrechamp[1]

Le serviteur de Laïos et le berger de Corinthe se croisent, se regardent sans se parler. Le champ donne l'impression que les deux personnages vont l'un vers l'autre, tandis que le contrechamp paraît les éloigner. En découle une certaine étrangeté, accentuée par la présence inquiétante des vautours et du serpent.

---

1. *Champ* : partie de l'espace montrée à l'écran ; *contrechamp* : espace opposé au champ.

Œdipe jeune homme

RÉSUMÉ

Extérieur. Un terrain de jeu près de Corinthe. Devenu un jeune homme, Œdipe se mesure à d'autres au lancer du disque. Une tricherie lui permet de remporter la victoire. L'un de ses rivaux malheureux l'accuse publiquement d'avoir triché, le traite d'« enfant trouvé », de « faux enfant » de Polybe et de Mérope. Œdipe le frappe violemment et s'en va en riant, comme s'il n'avait rien entendu.

Intérieur. Dans le palais royal de Corinthe. Vêtu d'un manteau rouge, Œdipe porte une couronne en bois et cuir avec deux grandes ailes. Un « mauvais rêve » le poursuit et l'attriste. Aussi décide-t-il de se rendre à Delphes afin d'interroger l'oracle d'Apollon. Ses parents l'approuvent. Il partira dès le lendemain matin, seul, sans escorte.

Extérieur. Corinthe, la nuit, sous un ciel d'orage. Un oiseau vole d'une maison à l'autre. Un vieux berger veille sur son troupeau.

Intérieur. À l'aube. Œdipe fait ses adieux à ses parents. Mérope pleure discrètement. Œdipe s'éloigne, un grand chapeau plat sur la tête.

Extérieur. À l'aube. Plan panoramique de la ville. Œdipe marche vers la gauche, se retourne, repart, longe d'ultimes habitations, va de nouveau vers la gauche, s'éloigne. Paysage de montagnes.

REPÈRES POUR LA LECTURE FILMIQUE

Un nouvel et inquiétant Œdipe

L'Œdipe pasolinien ne ressemble pas au héros de Sophocle. C'est un homme sans qualités, mais non sans défauts : il triche au jeu, il se révèle violent, il éclate de rire, indifférent (au moins pour l'instant) aux rumeurs sur ses origines. C'est en même temps un homme qui ne semble pas très bien savoir où il va, comme le montrent ses hésitations au moment de quitter Corinthe. Œdipe se comporte plus en anti-héros qu'en héros.

L'oracle de Delphes

RÉSUMÉ

Extérieur. Sur fond de musique africaine, Œdipe traverse une place de marché fort animée puis se dirige vers le sanctuaire : un monticule planté d'un arbre gigantesque. En contrebas, une foule se tient à distance respectueuse, assise par terre en plusieurs files. En costume de voyage blanc, Œdipe prend place au milieu d'hommes vêtus de sombre. Un homme revient du grand arbre. Le premier d'une file se lève et se dirige vers l'arbre. Fondu-enchaîné[1].

Extérieur. Œdipe marche vers l'arbre, au pied duquel il tombe à genoux. Visage masqué, casque blanc sur la tête, la prêtresse apparaît, entourée de prêtres, qui lui apporte des plats de nourriture. Un fort vent se met à souffler. Plan américain[2] de la prêtresse, dont le visage apparaît partiellement. En voix off, elle prédit à Œdipe qu'il tuera son père et épousera sa mère. Un rire énorme la secoue. Gros plans successifs d'Œdipe, d'abord rieur puis grave. La prêtresse le congédie : « Ne contamine pas ces gens par ta souillure. » Angoissé, Œdipe s'éloigne. Devant la borne indiquant « Corinthe », il met, horrifié, sa main devant sa bouche et s'enfuit dans la direction opposée.

REPÈRES POUR LA LECTURE FILMIQUE

Prêtresse et prophétie

Delphes n'est pas plus en Grèce que Corinthe : le sanctuaire le plus célèbre de l'Antiquité se réduit à un arbre sacré. Intermédiaire entre le divin et l'humain, la prêtresse appartient aux deux mondes ; de là son masque et son casque, qui la montrent

---

1. *Fondu-enchaîné* : superposition de la fin d'un plan avec le début du plan suivant.
2. *Plan américain* : cadrage d'un personnage des cuisses à la tête.

et la dissimulent tout à la fois. Sur le plan technique, sa voix est postsynchronisée, créant un décalage entre son corps et sa voix, comme si celle-ci était désincarnée. Cette voix est en outre rauque, comme si elle n'émanait pas d'un corps féminin. Son rire a par ailleurs quelque chose d'impudique et d'effrayant. C'est une manière de tenir le mythe à distance, de le désacraliser.

Les gestes d'Œdipe

La caméra s'arrête à plusieurs reprises sur Œdipe, que l'on voit revenir de l'arbre, marcher entre les lignes des fidèles, courir, revenir sur ses pas, s'enfuir enfin. Ces gros plans montrent son désarroi, comme le soulignent le geste de porter sa main à sa bouche et son hésitation sur la direction à prendre.

SÉQUENCE 8

En route pour Thèbes

RÉSUMÉ

Extérieur. Un champ, une montagne au fond. Œdipe marche et pleure. Un carton[1] indique : « Où vas-tu, ma jeunesse ? Où vas-tu, ma vie ? » Œdipe porte ses deux mains sur son visage, tourne deux fois sur lui-même, ôte ses mains et prend la route qui se présente devant lui. La scène se répète quand il aborde un nouveau carrefour.

Extérieur. Passant près d'une auberge, Œdipe croise les invités d'une noce. Musique de danse. On lui offre de quoi se nourrir. Le voici qui repart et rencontre une prostituée aux seins nus. Il la regarde puis, la main devant sa bouche, poursuit son chemin. Une borne indique « Thèbes ». De nouveau, il se voile la face de ses mains, tourne sur lui-même et, jetant son chapeau, marche vers Thèbes.

---

1. *Carton* : voir note 1, p. 47.

Hasard et destin

En se voilant la face et en tournant sur lui-même, Œdipe croit s'abandonner au hasard, alors que c'est le destin qui guide ses pas, comme si les deux notions se brouillaient ou ne faisaient plus qu'une. L'image exprime ainsi l'un des thèmes fondamentaux de l'histoire d'Œdipe sur la fatalité et la liberté (→ PROBLÉMATIQUE 10, p. 112).

Un jeu de miroirs

Fortuite, la rencontre de la noce n'en est pas moins significative : elle renvoie à la fête du prologue (p. 49-50) et préfigure le propre mariage d'Œdipe. La prostituée représente l'union sexuelle, non mutuellement désirée parce qu'elle est l'objet d'un échange marchand.

SÉQUENCE 9

Le parricide

RÉSUMÉ

Extérieur. Sur la route, Œdipe voit venir vers lui un carrosse escorté par plusieurs gardes. Œdipe refuse de céder le passage. L'occupant du carrosse, un homme âgé, et lui se dévisagent longuement, en proie à une haine immédiate et réciproque. Œdipe brise d'un jet de pierre la jambe d'un garde qui s'approchait de lui, épée en main. Il tue successivement trois autres gardes. Un homme saute alors du carrosse et s'enfuit : c'est le « serviteur » qui jadis abandonna Œdipe sur le mont Cithéron. Voyant Œdipe courir vers lui, l'homme âgé met sur sa tête une haute couronne dorée. Œdipe éclate de rire, tue le vieillard puis achève le garde à la jambe brisée. Il lui prend son casque et continue sa route vers Thèbes.

Une scène d'action

Les angles et prises de vue se multiplient et s'enchaînent. Les travellings, avant et arrière[1], succèdent aux contre-plongées[2] et à de nombreux gros plans (sur Œdipe, sur les cadavres ou le serviteur qui s'enfuit). L'impression de violence n'en est que plus forte.

Une scène d'horreur

Le bruit et la fureur dominent la séquence. Les gardes crient, hurlent. Allant de l'un à l'autre, Œdipe s'essouffle, halète. Les corps s'effondrent dans un bruit de ferraille. Quand tout est fini, flûte et tambour (thème musical du destin) prennent le relais.

Une scène capitale

Le vieillard que tue Œdipe est Laïos, le roi de Thèbes, son propre père. La première partie de l'oracle vient de se réaliser. Œdipe qui s'est révélé un tueur sans pitié, est désormais un parricide.

SÉQUENCE 10

La mort du Sphinx

RÉSUMÉ

Extérieur. À mesure qu'il s'approche de Thèbes, Œdipe croise une foule de plus en plus dense fuyant la ville. Œdipe s'en étonne auprès d'un jeune garçon, qui le conduit d'abord près du « prophète » Tirésias qui, aveugle, joue de la flûte. En l'écoutant, Œdipe songe que cette musique s'adresse d'abord à lui et exprime ce qui est « au-delà du destin ».

---

1. *Travelling* : déplacement de la caméra de l'arrière vers l'avant, ou inversement de l'avant vers l'arrière.
2. *Contre-plongée* : prise de vue effectuée quand la caméra est positionnée en dessous du sujet (personnage ou objet). Quand la caméra est au-dessus, on parle alors de plongée.

Extérieur crépusculaire. Le jeune garçon conduit Œdipe en haut d'une pente escarpée, où se tient le Sphinx, surgi un jour d'un abîme et qui depuis terrorise les Thébains. Jusqu'ici personne n'a eu le courage de le tuer, malgré la promesse d'épouser la reine Jocaste. À la grande frayeur du jeune garçon, Œdipe se dirige sans un mot vers le Sphinx, refuse de l'écouter et le tue.

REPÈRES POUR LA LECTURE FILMIQUE

Trois rencontres

Œdipe rencontre successivement un jeune garçon, Tirésias et le Sphinx. Le garçon joue les utilités techniques (il guide et informe Œdipe). Même s'ils ne se connaissent pas, Tirésias et Œdipe se reconnaissent : « Il sait qui je suis, et il s'adresse à moi » (scénario), songe Œdipe en l'écoutant jouer de la flûte. Cette rencontre en annonce ainsi d'autres, plus conflictuelles toutefois.

Un nouveau Sphinx

Le Sphinx est un monstre fabuleux, traditionnellement représenté sous la forme d'un lion ailé, à tête et buste de femme. Pasolini en modifie radicalement l'apparence : un immense masque africain recouvre tout le haut de son corps. Il modifie aussi l'énigme que l'animal posait aux passants (et qu'il dévorait si ceux-ci ne parvenaient pas à la résoudre). Celle-ci devient une interrogation sur le destin même d'Œdipe : « Il y a une énigme dans ta vie. Quelle est-elle ? », lui demande-t-il. Le cinéaste change ensuite la réponse d'Œdipe, qui refuse d'en entendre davantage. Œdipe n'est plus, comme chez Sophocle, l'homme perspicace et intelligent. Il est celui qui (pour l'instant) refuse de savoir.

Le sacre d'Œdipe

RÉSUMÉ

Extérieur. Le garçon, devenu « le Messager », annonce aux Thébains la mort du Sphinx. Œdipe entre dans Thèbes sous les acclamations. Créon le couronne officiellement, en présence de Jocaste, dont il devient par le fait même l'époux.

REPÈRES POUR LA LECTURE FILMIQUE

Œdipe et Jocaste

La présentation d'Œdipe à Jocaste constitue à la fois des retrouvailles (près de vingt ans plus tard) et leur première rencontre. Tout se joue dans leurs regards. Les gros plans montrent Œdipe souriant – d'être devenu roi ou (et) de revoir Jocaste ? Ceux de Jocaste la montrent « intensément » pensive, curieuse – de l'homme ou de son fils ?

L'inceste

RÉSUMÉ

Intérieur. La chambre nuptiale, la nuit. Alors que Thèbes est en fête, Jocaste et Œdipe entrent dans la chambre désormais conjugale. Ils se regardent se déshabiller. Œdipe l'attire vers elle, lui caresse la joue, elle l'attire vers lui. C'est la première heure de leur intimité heureuse.

REPÈRES POUR LA LECTURE FILMIQUE

L'inceste justifié

Comme l'explique Pasolini, Jocaste et Œdipe « se sont épousés par la volonté des autres, mais derrière cette volonté, il y avait la leur, subtile et quasiment impudique » (scénario). Les regards qu'ils échangent sont des regards complices. L'inceste faisant partie des invariants du mythe, Sophocle y faisait allusion, mais sans le décrire et encore moins sans le rendre naturel. Pasolini le montre, le rend naturel : « Leur amour est entièrement dans la chair, et l'âme en est entraînée » (scénario).

SECONDE PARTIE : ŒDIPE ROI

Cette seconde partie suit la trame de la pièce de Sophocle, dont Pasolini reprend les dialogues.

SÉQUENCE 13

La peste, châtiment céleste

RÉSUMÉ

Extérieur. La peste sévit. Vautours et corbeaux déchiquettent des cadavres. Partout des pleurs. Des détrousseurs sont pendus.

Extérieur. Coiffé de sa haute couronne royale, Œdipe, debout sur le seuil de son palais, écoute les suppliques du prêtre. Gros plan de Jocaste à sa fenêtre, qui regarde, songeuse, Œdipe, lequel la regarde à son tour puis baisse les yeux.

Extérieur. Dépêché par Œdipe à Delphes, Créon rapporte la parole d'Apollon : la peste durera tant que les meurtriers de Laïos ne seront pas punis. Œdipe s'engage à venger la mort de son prédécesseur « comme s'il » avait été son père.

Intérieur. Chambre nuptiale. Étreinte des époux. Œdipe dégrafe la broche en or que Jocaste porte sur sa robe bleue.

Une séquence pathétique

Pasolini montre longuement les ravages de la peste (qui ne sont qu'évoqués chez Sophocle). La diversité des plans et la rapidité de leur succession en suggèrent l'ampleur. Le pathétique est à son comble.

Une scène tragique

Les gros plans de Jocaste et d'Œdipe, les regards qu'ils échangent, pendant que parle Créon, laissent entendre qu'ils savent déjà ce qu'il en est. Œdipe s'exprime par ailleurs en voix off, créant ainsi un décalage entre ce qui est dit et la manière dont c'est dit. Le mythe est rappelé tout en étant mis en distance. Le tragique ne s'en accroît pas moins : « Ce qu'on ne veut pas savoir n'existe pas », comme le dit l'oracle.

SÉQUENCE 14

L'affrontement de Tirésias et d'Œdipe

RÉSUMÉ

Extérieur. Longue séquence, également pathétique, de cadavres brûlant sur des bûchers. Fumée noire, pleurs, chants funéraires.

Extérieur. Sur la place, devant le palais royal, Tirésias et Œdipe s'affronte de plus en plus violemment. Un carton exprime les pensées d'Œdipe : « Tirésias ! Tu es ici ! Je t'ai fait appeler, et de toi je SAURAI TOUT ! » (scénario). Comme chez Sophocle, Tirésias accuse Œdipe.

Une triple modification

La haine de Tirésias pour Œdipe est profonde, visible. Selon les mots de Pasolini, « c'est la haine de la lumière contre les ténèbres, de la vérité contre le mensonge » (scénario).

Par deux fois, depuis la fenêtre de sa chambre, Jocaste réagit aux accusations de Tirésias par un sourire orgueilleux puis méprisant avant d'éclater de rire.

Tirésias se retire en prédisant, en voix off, avec une extrême précision l'avenir d'Œdipe.

SÉQUENCE 15

Un inceste sans culpabilité éprouvée

RÉSUMÉ

Extérieur. Contrastant avec la désolation générale et les sombres prophéties de Tirésias, Jocaste joue et rit avec ses servantes dans les jardins du palais. Œdipe la rejoint. Jocaste lui caresse tendrement la joue.

Intérieur. Tous deux regagnent leur chambre, où ils font l'amour.

Extérieur. Le lendemain à l'aube. La peste poursuit ses ravages. Apparaît Créon, dont un carton révèle les pensées : « Voici, Œdipe veut ignorer sa culpabilité et il en fait subir les conséquences à moi et à son peuple. »

Intérieur. Chambre conjugale : Œdipe et Jocaste sont enlacés. Œdipe se rhabille. Gestes mutuels de tendresse. Gros plan d'Œdipe regardant Jocaste. Il sort brusquement de la chambre.

Une narration en images

Toute cette séquence ne figure évidemment pas dans la pièce de Sophocle. Elle n'en est pourtant que l'arrière-plan logique. Pasolini insiste sur l'union physique de la mère et du fils, union heureuse, vécue dans l'innocence ou du moins dans une absence de culpabilité. Le carton montre que Créon sait, comme Tirésias et presque tout le monde, qu'Œdipe est coupable.

SÉQUENCE 16

Créon condamné à mort par Œdipe

RÉSUMÉ

Extérieur. Œdipe accuse Créon de comploter contre lui avec la complicité de Tirésias. Créon se récrie : pourquoi souhaiterait-il le pouvoir, lui qui, en tant que frère de la reine et beau-frère du roi, jouit des avantages du pouvoir sans en avoir les soucis ? Œdipe menace Créon de le faire mourir.

Intérieur. Chambre conjugale. Entendant les cris des deux hommes, Jocaste regarde vers la fenêtre et continue de tresser ses cheveux.

REPÈRES POUR LA LECTURE FILMIQUE

La figure de plus en plus énigmatique de Jocaste

Par rapport à la pièce de Sophocle, Pasolini raccourcit considérablement la scène entre Créon et Œdipe. Mais c'est pour mieux en conserver l'essentiel et donner plus d'intensité au conflit. Le comportement de Jocaste devient de plus en plus mystérieux : est-elle indifférente à ce qui passe ou, parce qu'elle sait déjà le fin mot d'une histoire impossible à modifier, feint-elle de l'être ?

Œdipe craint d'être parricide et incestueux

RÉSUMÉ

Extérieur. Dans le jardin du palais, plus Jocaste cherche à rassurer Œdipe, plus celui-ci s'inquiète. Il se mord la main quand elle lui rappelle les circonstances dans lesquelles Laïos avait abandonné son fils nouveau-né sur le mont Cithéron.

Extérieur. Même décor, l'après-midi. Aux détails que Jocaste achève de lui donner sur la mort de Laïos, Œdipe redoute d'avoir tué son père et de s'être maudit lui-même. Jocaste continue de sourire : « Je ne comprends pas pourquoi tu t'intéresses tant à ces choses », dit-elle.

Extérieur. Même décor, au crépuscule. Jocaste à Œdipe : « Pourquoi es-tu si épouvanté à l'idée d'être l'amant de ta mère, pourquoi ? Combien d'hommes n'ont pas fait en rêve l'amour avec leur mère ? Et vivent-ils épouvantés par ce rêve ? » Gros plan des mains d'Œdipe qui saisissent celles de Jocaste.

Intérieur. Chambre conjugale. Œdipe raconte à Jocaste qu'il tient renversée sur leur lit, l'oracle de Delphes qui le vouait à être parricide et incestueux. Gros plan de Jocaste, qui se débat, enfouit son visage dans ses mains, pleure, supplie Œdipe de se taire. Œdipe l'embrasse violemment, fixe sa broche en or : « Mère », dit-il. Jocaste a les yeux fixés sur une grosse poutre du plafond.

REPÈRES POUR LA LECTURE FILMIQUE

La découverte tragique

Cette longue séquence, au cœur même de la légende d'Œdipe et de la pièce de Sophocle, dure plus d'une journée, la vérité se faisant jour par étapes. Comme chez Sophocle, elle naît d'un double renversement de situation : plus Jocaste parle et plus

Œdipe s'inquiète ; et plus Œdipe parle, plus Jocaste ne veut rien entendre. Le regard de l'un sur la broche et de l'autre sur la poutre annonce le dénouement.

Le complexe d'Œdipe affirmé et assumé

En faisant dire à Jocaste que beaucoup d'hommes ont rêvé un jour ou un autre de faire l'amour avec leur mère, Pasolini lie ouvertement l'histoire d'Œdipe au complexe freudien d'Œdipe. De son propre aveu, il se sert de la légende pour parler de son propre complexe d'Œdipe.

La vérité

RÉSUMÉ

Extérieur. Un berger, venu de Corinthe, annonce à Jocaste puis à Œdipe le décès du roi Polype : Œdipe n'est donc pas parricide ! L'oracle a menti, comme il peut donc mentir sur l'inceste, que Jocaste tente de banaliser. Œdipe en est d'autant moins rassuré que le berger finit par lui révéler que Polybe n'était pas son vrai père. Jocaste implore en vain Œdipe de ne pas percer le mystère de ses origines.

Extérieur. Quelques jours plus tard dans la campagne près de Thèbes, Œdipe interroge le serviteur à qui le berger a jadis remis un nouveau-né. Œdipe ne nourrit plus aucun doute sur lui-même : l'oracle avait raison !

REPÈRES POUR LA LECTURE FILMIQUE

Les ultimes preuves

De nouveau, Pasolini suit de près le texte de Sophocle. Les gros plans d'Œdipe le montrent anxieux, puis prêt à tout pour connaître la vérité. Jocaste est de plus en plus mystérieuse. Désapprouvant la démarche d'Œdipe, elle s'en va d'un pas ferme, « comme si elle obéissait à une nécessité profonde au point d'être joyeuse » (scénario).

Le dénouement

RÉSUMÉ

Intérieur. Au crépuscule, dans la chambre conjugale, Jocaste s'est pendue à la poutre du plafond. Hurlement d'Œdipe, qui s'agrippe à sa robe et ne fait que l'arracher. Jocaste, sa mère, lui apparaît une dernière fois nue. Œdipe s'empare de la broche en or et s'en crève les yeux. Il pousse un terrible cri : « Dans l'obscurité, désormais, je ne verrai pas ceux qu'il ne fallait pas voir ! »

Intérieur puis extérieur. Les yeux ensanglantés, Œdipe avance à tâtons dans les couloirs du palais. Puis il apparaît sur le seuil. Le Messager va vers lui, lui tend sa flûte et le tenant par la main, le fait avancer.

REPÈRES POUR LA LECTURE FILMIQUE

Une séquence pathétique

Le suicide de Jocaste et la mutilation oculaire d'Œdipe constituent les invariants de la légende. Pasolini en montre toute la violence et toute l'horreur. Pour autant, si l'on voit Jocaste pendue, on ne voit pas Œdipe se crever les yeux. Quand il le fait, il est filmé de dos.

Un dénouement légèrement modifié

Pasolini supprime l'ultime dialogue entre Créon et Œdipe, sur lequel s'achevait la pièce de Sophocle. La scène, muette, avec le messager le remplace.

L'ÉPILOGUE (à Bologne dans la fin des années 1960)

RÉSUMÉ

Extérieur. Une longue file de portiques anciens bordant une place moderne. Œdipe, barbu, avance la main sur l'épaule d'Angelo (dont le rôle est joué par le comédien qui incarnait auparavant le messager).

Extérieur. Place d'une grande cathédrale. Des touristes passent, d'autres sont assis à la terrasse d'un café. Œdipe est assis sur les marches de la cathédrale, joue de la flûte, puis appelle Angelo. Les deux hommes s'éloignent.

Extérieur. Une zone industrielle, bruyante, aux couleurs criardes. Guidé par Angelo, Œdipe joue sur sa flûte un vieil air révolutionnaire. Des ouvriers sortent à vélo des usines. Œdipe appelle Angelo qui joue au football, tous deux s'éloignent.

Extérieur. Les voici dans la ville et la rue du prologue. Au lieu de deux soldats, ce sont eux qui passent devant le monument aux morts. Ils se retrouvent bientôt sur la grande prairie du début du film. Même panoramique sur les cimes des arbres. Début d'une musique militaire. Gros plan d'Œdipe qui demande à Angelo où il est. Dans un pré tout vert, avec de grands arbres, lui répond ce dernier. « Je suis de retour », s'exclame alors Œdipe, qui ajoute : « La vie finit où elle commence ». Carton « Fin ».

REPÈRES POUR LA LECTURE FILMIQUE

Un épilogue ambigu

De l'invention de Pasolini, tout comme le prologue, l'épilogue obéit à des considérations idéologiques. À l'image du cinéaste, Œdipe est devenu un poète révolutionnaire, dénonçant l'exploitation du prolétariat par le capitalisme. Mais cette dimension disparaît ensuite pour céder la place à un homme qui s'apprête à mourir.

Un jeu de miroirs

L'épilogue multiplie les références au prologue : même cadre urbain, même maison, même mouvement des personnages, même musique, même pré et mêmes mouvements de caméra. C'est un retour et en même temps un éternel recommencement, puisque « la vie finit où elle commence ». Chez Sophocle, l'histoire était linéaire ; chez Pasolini, elle est cyclique (→ PROBLÉMATIQUE 13, p. 124).

Problématiques essentielles de la pièce et du film

1 Œdipe avant *Œdipe roi* : d'Homère à Sophocle

Sophocle n'a pas créé la légende d'Œdipe, qui existait bien avant lui. L'ampleur des emprunts qu'il a pu faire à ses prédécesseurs s'apprécie toutefois malaisément. Trop de documents manquent en effet. Mais, si fragmentaire que soit cette légende, il reste possible d'en discerner les grandes lignes.

ŒDIPE SELON LA TRADITION ÉPIQUE

La plus ancienne source est celle d'Homère (VIIIe siècle avant notre ère), auteur des deux grands poèmes épiques de l'antiquité grecque : l'*Iliade*, qui relate la guerre de Troie, et l'*Odyssée*, qui raconte, après la prise de Troie par les Grecs, le retour d'Ulysse chez lui, en Grèce, dans l'île d'Ithaque.

Au chant XI de l'*Odyssée,* Ulysse descend aux Enfers pour y rencontrer sa mère et s'informer auprès d'elle de ce qu'est devenue sa famille pendant qu'il combattait contre les Troyens. Parmi toutes les « ombres » qu'il y croise se trouve Jocaste.

Homère reprend l'essentiel de la légende à savoir le parricide et l'inceste d'Œdipe puis le suicide de Jocaste. Loin toutefois de se crever les yeux et de s'exiler, Œdipe continue de régner sur Thèbes, même après la découverte de l'horrible vérité. Son châtiment est d'ordre moral, puisqu'il vit dans un perpétuel remords. Il meurt à la guerre, lors d'un combat qui l'oppose aux Minyens, un peuple du Péloponnèse.

ŒDIPE DANS LA TRADITION DES POÈTES TRAGIQUES

Les auteurs tragiques ont sensiblement modifié ces données de l'épopée, qu'ils ont développées et enrichies.

▌Chez Eschyle (vers 525-vers 455 av. J.-C.)

Eschyle est le premier dramaturge à avoir a consacré une trilogie[1] à la légende d'Œdipe. La première tragédie de cet ensemble s'intitulait *Laïos*, la deuxième, *Œdipe*, et la troisième, *Les Sept contre Thèbes*. Seule cette dernière, sans doute jouée au printemps – 467, nous est parvenue. C'est par elle que nous connaissons l'état de la légende au ve siècle avant notre ère.

Eschyle insiste sur la faute originelle de Laïos. Celui-ci, désirant passionnément avoir un fils, se rend par trois fois à Delphes implorer Apollon. Par trois fois, Apollon lui interdit d'engendrer, car sa descendance perdra Thèbes. Laïos transgresse l'interdit divin. Jocaste lui donne un fils que, pris soudain de terreur, son père abandonne. Apollon n'en maudit pas moins Laïos jusqu'à la troisième génération : Laïos incarne la première ; Œdipe, la deuxième ; Étéocle et Polynice, ses fils, la troisième. Eschyle insiste donc sur la fatalité qui s'acharne sur Œdipe et sa famille.

▌Chez Euripide (vers 484-406 av. J.-C.)

Contemporain de Sophocle, Euripide a composé une tragédie intitulée *Œdipe* dont il ne subsiste qu'un fragment. D'après ce dernier, Œdipe ne s'aveugle pas délibérément, mais ce sont les serviteurs de Laïos qui, sans doute pour venger leur maître assassiné, lui crèvent les yeux. L'action d'une autre tragédie d'Euripide, *Les Phéniciennes*, se situe, quant à elle, après la révélation du parricide et de l'inceste. On y voit Œdipe rester à Thèbes, mais être enfermé dans le palais par ses propres fils.

---

1. *Trilogie* : groupe de trois pièces de théâtre sur un même thème ou dont les sujets se font suite.

Pour autant qu'on puisse comparer *Œdipe roi* avec cette tradition, Sophocle a su composer une œuvre à part, qui diffère à la fois de la tradition épique et de celle des poètes tragiques qui l'ont précédé.

La disparition de la faute originelle

Sophocle choisit de ne pas mentionner les raisons pour lesquelles l'oracle d'Apollon condamne Œdipe à un sort épouvantable. Certes, il mentionne plusieurs fois cet oracle mais il n'évoque pas la culpabilité première de Laïos. Œdipe n'est donc plus puni pour les fautes de son père. En choisissant de rejeter dans l'ombre la désobéissance de Laïos, Sophocle concentre toute la lumière sur Œdipe et sur lui seul.

Une utilisation particulière de l'oracle

L'oracle d'Apollon est une donnée fondamentale de la légende. Aucun auteur ne peut la passer sous silence sous peine de dénaturer le mythe. Il convient en effet qu'Œdipe soit averti à l'avance du sort qui sera le sien.

Mentionner l'oracle ne suffit pourtant pas. Tout dépend en effet de la fonction que le dramaturge lui fait jouer. Deux cas sont possibles :

– L'oracle équivaut à un verdict condamnant Œdipe de toute éternité. Les dieux mènent alors l'action, dont ils deviennent les seuls responsables. Comment un simple mortel se soustrairait-il à leur volonté ?

– L'oracle peut aussi ressembler à une prophétie, à une prévision sans que pour autant tout soit réglé à l'avance. Une prophétie annonce, par définition, ce qui arrivera ; elle ne dit pas comment les choses arriveront.

Ce dernier cas accroît la liberté de manœuvre et d'invention du dramaturge. À l'intérieur du cadre fixe de la légende, il peut agencer les événements à sa guise, en ajouter d'autres ou en supprimer, modifier leur signification. C'est cette route que Sophocle emprunte. Dans *Œdipe roi*, l'oracle ne détermine pas le détail de l'action. Aucun dieu ne dicte à Œdipe ce qu'il doit penser ou faire à chaque instant. Celui-ci n'est pas davantage poussé par une force intérieure qui l'obligerait à agir comme s'il était un automate ou sous l'emprise d'une volonté qui le dépasse. Contrairement à ses prédécesseurs, Sophocle accorde donc une certaine marge d'autonomie à son personnage. L'intérêt philosophique et moral de son œuvre s'en trouve accru, puisqu'il permet une réflexion sur les rapports de la fatalité, de la liberté et, par voie de conséquence, de la culpabilité (→ PROBLÉMATIQUES 10 et 11, p. 112 et 116).

▌D'*Œdipe roi* à **Œdipe à Colone**

L'épilogue d'*Œdipe roi* montre Œdipe rentrant dans le palais « par la grande porte » (p. 75). Il réapparaît dans *Œdipe à Colone*[1] (401 av. J.-C.) toujours aveugle, accompagné et guidé par sa fille Antigone. Tout en maudissant Thèbes, dont il fut chassé sur l'ordre de Créon, il plaide sa cause auprès de ceux qui veulent bien l'écouter. Au moment où il tuait un vieillard, il ne savait pas qu'il s'agissait de son père, ni que la femme qu'il épousait était sa mère. Après avoir condamné la guerre fratricide que ses deux fils, Étéocle et Polynice, se livrent pour la possession du trône de Thèbes, il meurt dans des circonstances que d'aucuns jugent surnaturelle : il est foudroyé – de la main ou sur ordre de Zeus ? Un oracle interdit en tout cas à quiconque de s'approcher de sa tombe, laquelle sera source de bonheur et la paix pour toute la région. Œdipe meurt ainsi réconcilié avec lui-même, avec les hommes et avec les dieux.

Sophocle donne à la légende un fort intérêt philosophique et moral, permettant une réflexion sur la quête des origines et de l'identité, sur les rapports de la fatalité, de la liberté et de la culpabilité, sur la justice et le pardon (→ PROBLÉMATIQUES 10 et 11, p. 112 et 116).

---

1. *Colone* : nom d'une bourgade près d'Athènes.

2 | Le traitement du mythe par Sophocle et Pasolini

Même s'ils utilisent la même matière légendaire, Sophocle et Pasolini ne la traitent ni ne l'interprètent de la même façon. Le premier privilégie la continuité narrative et l'approche philosophique ; le second, la discontinuité et la démarche psychanalytique.

CONTINUITÉ ET DISCONTINUITÉ

Un déroulement linéaire et serré chez Sophocle

Une logique causale

Sophocle lie son action dans des rapports étroits de cause à effet. Tout découle d'un fait initial : les doutes qu'Œdipe, se croyant le fils des souverains de Corinthe, éprouve soudain sur sa véritable naissance (p. 211). Dès lors s'enclenche une « machine infernale[1] ». Pour en avoir le cœur net, Œdipe se rend à Delphes, où un oracle lui révèle qu'il deviendra parricide et incestueux. Toujours convaincu de ses origines corinthiennes, Œdipe décide de ne plus jamais revenir chez lui et se rend à Thèbes. En route, il tue Laïos, puis le Sphinx, entre en libérateur dans la ville dont, pour prix de sa victoire, il épouse la reine. L'irréparable s'est implacablement accompli.

---

1. Jean Coteau (1889-1963) est l'auteur d'une pièce basée sur *Œdipe roi*, *La Machine infernale*, écrite en 1932.

Une savante montée de l'intérêt dramatique

Sophocle choisit d'abord de résoudre l'énigme de l'assassinat de Laïos. Si le crime est moralement monstrueux, il est sur le plan du spectacle le moins frappant. Le meurtre est ancien et nous, spectateurs, nous n'avons jamais vu Laïos. L'intérêt et la sympathie que celui-ci peut susciter s'en trouvent diminués. En revanche, nous regardons, écoutons et plaignons Jocaste, de plus en plus présente sur scène. L'inceste cesse d'être un crime d'autant moins abstrait que les deux filles qui en sont issues (Antigone et Ismène) apparaissent à la fin de la pièce. Si nous n'assistons pas, par ailleurs, à la pendaison de Jocaste (relatée par le Messager), nous voyons Œdipe sortir du palais, la face sanglante, les yeux crevés. Le pathétique et le tragique vont ainsi *crescendo*.

Une construction fragmentée chez Pasolini

Un récit elliptique

Pasolini rompt à l'inverse avec l'ordonnancement traditionnel du récit. Le temps n'est plus linéaire (passé, présent, futur) : le prologue qui se déroule dans les années 1920 et l'épilogue qui se passe en 1967 encadrent le récit mythique, qui ne possède, lui, aucune caractérisation temporelle, sinon celle de se dérouler en un temps immémorial. Les lieux dessinent plus une errance qu'un itinéraire : de l'Italie à la Grèce antique, qui n'est plus grecque mais sud-marocaine, et de nouveau en Italie, à Bologne. Le prologue juxtapose des séquences sans lien causal explicite : nous assistons à la naissance d'un enfant, que nous voyons un peu plus âgé puis encore plus âgé. Que s'est-il passé entre-temps ? Les séquences valent pour elles-mêmes, non dans leur rapport les unes aux autres. L'action est enfin souvent ralentie, suspendue par de longs panoramiques de paysage ou par de longs silences.

Faux raccords et vraies ruptures

En langage cinématographique, un raccord désigne la façon dont le montage relie deux plans : par un regard, par un geste, par un objet, par une parole... C'est l'équivalent de la transition écrite. Le faux raccord réside dans une juxtaposition plus ou moins mal jointée, voire pure et simple. Les « fondus au noir » qui consistent en un obscurcissement de l'image (de l'écran) sont rapides. La scène du meurtre de Laïos et de ses gardes est nécessairement rapide ; or à mesure qu'elle se déroule, la lumière du soleil baisse, comme si plusieurs heures s'étaient écoulées. Lors de l'arrivée d'Œdipe à Thèbes, plusieurs plans montrent la ville sous des angles et des éclairages différents, sans liaison particulière entre eux. Pasolini privilégie ainsi une esthétique du fragment au détriment du mouvement d'ensemble.

LECTURE SYMBOLIQUE
ET PSYCHANALYTIQUE

Une réflexion philosophique chez Sophocle

**L'impossible alliance de l'intelligence,
de la puissance et du bonheur**

Pour avoir résolu l'énigme que lui posait le Sphinx, Œdipe incarne l'intelligence. Or cette intelligence qui l'a fait roi se retourne contre lui et anéantit son bonheur. Œdipe n'est heureux que dans l'ignorance de ses origines. Plus il cherche à savoir, plus il se perd, comme s'il adhérait obscurément au pire. Un même irréductible antagonisme oppose de la même façon l'homme et la divinité. Jocaste et Œdipe pensent pouvoir faire impunément mentir l'oracle. Jocaste ne croit pas qu'un mortel, quel qu'il soit, puisse connaître les volontés des dieux (p. 41, 47). Œdipe ne le croit pas davantage, quand il apprend le décès naturel de Polybe (p. 51). Leur bonheur n'est possible que dans une contestation sacrilège du pouvoir des dieux.

L'illusoire épanouissement de l'être

Ce que suggère ainsi la tragédie, c'est l'impossibilité pour l'homme de s'épanouir complètement. Détaillant les circonstances de l'assassinat de Laïos, Œdipe parle d'un « croisement de deux chemins » (l. 744, p. 41). Ce croisement est aussi symbolique. Les trois vocations au bonheur, à la puissance et au savoir ne peuvent se vivre harmonieusement. Au moment même où Œdipe adulte pense pouvoir s'épanouir, il retourne, par son mariage avec Jocaste, vers sa mère. L'homme est-il jamais autonome ? Est-il jamais heureux ? Tout se passe comme si l'homme devait choisir entre ses aspirations et donc symboliquement se mutiler, comme si tout homme devait « boiter » un peu – à l'instar d'Œdipe, dont le nom signifie en grec « pieds gonflés » et qui, pour cette raison, boite tragiquement.

Le choix d'une lecture psychanalytique chez Pasolini

Définition du complexe d'Œdipe

Selon Sigmund Freud (1856-1939), fondateur de la psychanalyse, l'individu est dès sa naissance soumis à la loi primordiale de la sexualité. Elle n'est à l'origine qu'une pulsion, qu'une libido (une force vitale). Très tôt cette énergie se mue en désir de l'Autre. Chez le jeune enfant, l'Autre ne peut s'identifier qu'à ses parents. Il entre dès lors sous la domination de ce que Freud a appelé le « complexe d'Œdipe ».

Sous sa forme la plus simple, ce complexe se traduit par un attachement érotique du garçon pour sa mère[1]. Dans un premier temps, le jeune garçon, découvrant le sein maternel, désire progressivement sa mère. Dans un deuxième temps, le renforcement de ses désirs sexuels le conduit à vouloir prendre la place de

---

1. L'équivalent féminin qui se traduit par un attachement de la fille à son père a reçu le nom de « complexe d'Électre ».

son père. L'identification au père prend enfin une teinte logiquement hostile. Elle devient désir de l'écarter et de le remplacer.

Si le complexe d'Œdipe constitue une phase naturelle du développement affectif, il disparaît à mesure que l'enfant découvre, en se socialisant, d'autres figures féminines de l'Autre. Le renoncement à la mère n'est donc pas dicté par une loi biologique, mais par un interdit : celui de l'inceste, qui est d'ordre moral et culturel. C'est sous ce prisme psychanalytique que Pasolini crée son *Œdipe roi*.

Les formes pasoliniennes du complexe d'Œdipe

La mère domine de toute sa présence le film, du premier au dernier plan. Le prologue la montre accouchant puis donnant le sein à son fils. L'épilogue marque le retour d'Œdipe là où pour lui la vie « a commencé ». La partie centrale, mythique, du film insiste sur l'attirance physique d'Œdipe pour sa mère, sur ses amours passionnées. L'épisode de la rencontre d'une prostituée aux seins nus, dont il s'éloigne au plus vite, suggère qu'il n'éprouve aucun désir pour toute femme qui ne serait pas sa mère. Quant à sa haine pour son père, elle est manifeste, violente. Que son père haïsse à son tour son fils avec la même violence témoigne *a contrario* qu'il se sent dépossédé de sa place par son fils.

Encore ne s'agit-il là que des signes les plus clairs du complexe. La mère connaît en effet plusieurs équivalents symboliques. Le pré, dans le prologue et l'épilogue, est l'un d'eux. C'est dans le pré du prologue qu'apparaissent pour la première fois ensemble et la mère et le fils. Le premier plan de la partie mythique montre l'enfant attaché par les pieds, la tête tournée vers la terre, presque attirée par elle. Or dans la tradition mythologique, la Terre, qui se nomme Gaïa, est la Mère par excellence, la Mère-terre, nourricière et source de vie. L'inceste renouvelle ainsi l'union primitive, primordiale de l'homme et de la vie, du fils et de sa mère.

3 | Œdipe chez Sophocle et Pasolini

Avant d'être un nom et un mythe, « Œdipe » est un surnom : en grec *oidi-pous* signifie « pieds enflés » : c'est d'ailleurs ainsi que les souverains de Corinthe l'appellent immédiatement. Provoquée par les trous effectués dans ses talons pour y faire passer une corde, son infirmité physique est devenue son patronyme. Dès lors, le mythe fixe de manière intangible sa biographie. Aussi Sophocle et Pasolini travaillent-ils sur les mêmes données. Chez l'un comme chez l'autre, Œdipe sera inévitablement parricide, incestueux et se crèvera les yeux. S'ils ne peuvent changer les faits, ils peuvent toutefois en donner une présentation, une interprétation et un éclairage différents. L'Œdipe de Sophocle ne ressemble ainsi en rien à l'Œdipe pasolinien. Ce sont deux figures antithétiques, deux coupables dissemblables, qui mènent différemment leur quête d'identité.

DEUX FIGURES ANTITHÉTIQUES

Deux reconstitutions différentes

La tragédie de Sophocle évoque le dernier jour du règne d'Œdipe et même son dernier jour d'homme heureux. Son passé n'y fait l'objet que de brèves références et allusions : à sa naissance, à son abandon sur le mont Cithéron puis à son adoption par les souverains de Corinthe. Sur ses années de jeunesse en revanche, le dramaturge ne dit rien. Il choisit de concentrer l'action sur le jour tragique par excellence, pour des raisons à la fois esthétiques et pratiques : d'une part, l'intensité dramatique n'en est que plus forte ; d'autre part les conditions matérielles des représentations théâtrales ne permettaient pas de vastes évocations.

Pasolini ne connaît pas les mêmes contraintes matérielles. Maître de l'espace et de sa caméra, le cinéaste peut varier les lieux à sa guise ; maître du temps, il peut de même allonger la durée fictive de l'action. Même s'il ne s'attarde que sur les étapes les plus importantes du personnage, le film se présente comme un long déroulé biographique : il débute avec la naissance d'Œdipe (dans le prologue), va jusqu'à son exil et enjambe en quelque sorte sa mort pour le ressusciter sous les traits d'un homme moderne. Là où Sophocle ne peut étirer le temps, Pasolini le déploie (→ PROBLÉMATIQUE 13, p. 124). Ces approches différentes correspondent à deux visions du personnage.

▌Un héros chez Sophocle

Quand débute la tragédie, Œdipe est au faîte de sa puissance et de sa gloire.

L'homme qui sait

Sophocle joue sur la proximité linguistique des mots grecs *oidipous* et *oida*, lequel signifie « savoir ». C'est précisément ce savoir qui lui permet de résoudre l'énigme du Sphinx. Cette énigme était la suivante : « Quel est l'être qui marche à quatre pattes le matin, à deux le midi et à trois le soir ? » Œdipe comprend le premier qu'il s'agit de l'homme quand il est enfant, adulte puis vieillard s'appuyant sur une canne. Si Sophocle ne la rapporte pas expressément, il s'en fait l'écho : « Ce n'était pourtant pas le premier venu qui pouvait résoudre l'énigme », fait-il dire à Œdipe (l. 407-408, p. 26).

Un roi heureux

Sa victoire sur le Sphinx qui terrorisait la région en dévorant tous ceux qui ne pouvaient résoudre l'énigme, le porte au pouvoir. Depuis au moins quinze ans, il est le roi légitime, incontesté de Thèbes, qui le considère comme son « sauveur » (l. 46, p. 9).

Compatissant envers les malheurs de son peuple, Œdipe se montre conscient de ses devoirs et de ses responsabilités. Sans attendre les suppliques de ses sujets, il a dépêché Créon au sanctuaire d'Apollon pour y recueillir l'avis des dieux.

Un époux et un père heureux

Époux de Jocaste, Œdipe est enfin un mari heureux. Quatre enfants font de lui un père comblé : deux fils (qu'on ne voit pas dans la pièce), Étéocle et Polynice ; et deux filles, Antigone et Ismène, auxquelles Œdipe fait des adieux pathétiques au dénouement.

Au total, Œdipe réunit en sa personne tous les bonheurs possibles. Il est « le meilleur des humains » aux dires du Prêtre (l. 44, p. 9). Ses qualités font de lui un héros. Sa chute n'en sera que plus rude.

Un anti-héros chez Pasolini

Le film montre un tout autre personnage.

Un être inquiet

L'enfant du prologue découvre vite la peur : peur quand sa mère s'absente ou s'éloigne de lui ; peur dans les deux face-à-face avec son père ; peur du feu d'artifice. Là se noue son « complexe d'Œdipe » (→ PROBLÉMATIQUE 2, p. 76). Un mauvais rêve, dont Pasolini ne livre pas le contenu exact, le jette plus tard sur la route de Thèbes. Comme à chaque fois qu'il est mal à l'aise, il se mord la main.

Un tricheur souvent violent

Jeune Corinthien, on le voit tricher au lancer du disque, qu'il pousse discrètement du pied pour avoir une longueur d'avance et se fait couronner vainqueur. Le malheureux qui dénonce sa tricherie se fait rosser. Œdipe n'en éprouve aucun remords : il éclate au contraire de rire. Sa brutalité devient par la suite sauvagerie quand il s'attaque à Laïos et à ses gardes. Il n'hésite pas à achever un blessé et il transperce Laïos à deux reprises de son épée dont il se sert comme d'une pique.

Un être indécis

Durant tout son voyage, qui le mène finalement à Thèbes, Œdipe se comporte davantage en errant qu'en conquérant. Dans ce film itinéraire qu'est l'œuvre de Pasolini, itinéraire géographique, itinéraire biographique, Œdipe ne décide pas de son chemin. À chaque carrefour, il s'en remet au hasard pour savoir s'il doit prendre à droite ou à gauche : il ferme les yeux, tourne plusieurs fois sur lui-même, rouvre les yeux et part droit devant lui.

Un roi en difficulté, un époux comblé, un père inexistant

Le montage du film lie l'apparition de la peste à son mariage incestueux. Œdipe n'en est donc qu'au début de son règne. Son union avec Jocaste le rend manifestement heureux, du moins jusqu'à la découverte de la vérité. En revanche, Pasolini ne fait pas de lui un père : il n'y a pas la moindre allusion à ses quatre enfants. Dans l'épilogue, c'est Angelo, qui n'a aucun lien de parenté avec lui, qui prend la place d'Antigone.

Comparé à l'Œdipe de Sophocle, le personnage de Pasolini ne possède donc pas de qualités particulières. À l'inverse de son lointain ancêtre, il est un anti-héros.

DEUX QUÊTES D'IDENTITÉ DISTINCTES

Tant dans la pièce que dans le film, Œdipe est un homme en quête de ses origines. Mais si cette quête est la même dans son principe et dans son dénouement, elle diffère dans ses modalités et peut-être même dans ses motivations.

La volonté de savoir chez Sophocle

Le dramaturge dote son héros d'une inquiétude existentielle. « De qui suis-je le fils ? » (l. 454, p. 28), demande-t-il à Tirésias, qu'il force littéralement à parler. Œdipe mène son enquête contre l'avis de Jocaste, qui fait tout pour l'en détourner : « Ah ! Puisses-tu jamais n'apprendre qui tu es », lui dit-elle (l. 1118, p. 57). Lui-même d'ailleurs se trompe sur ses intentions : « Eh !

qu'éclatent donc tous les malheurs qui voudront ! Mais mon origine, si humble soit-elle, j'entends, moi la saisir. Dans son orgueil de femme, elle rougit sans doute de mon obscurité : je me tiens, moi, pour fils de la Fortune » (l. 1127-1131, p. 57-58). C'est cet orgueil qui le fait rechercher les témoins de l'assassinat de Laïos. Son obstination à connaître la vérité provoque sa perte : « Je me révèle le fils de qui je ne devais pas naître, l'époux de qui je ne devais pas l'être, le meurtrier de qui je ne devais pas tuer ! » (l. 1243-1245, p. 62). Face au Sphinx, il était l'homme qui savait et ce savoir lui procura la puissance. Par un retournement de situation propre à la tragédie, ce même savoir le précipite dans l'abîme.

▌La volonté de ne pas savoir chez Pasolini

Chez Pasolini, le processus est inverse. Longtemps son Œdipe fait tout pour ne pas savoir. Le Sphinx lui pose une question radicalement différente de celle fixée par la tradition : « Il y a une énigme dans ta vie. Quelle est-elle ? » La question ne porte plus sur les caractéristiques de la condition humaine (sur le vieillissement) mais porte sur la seule personne d'Œdipe. Celui-ci lui répond qu'il ne veut rien savoir, qu'il ne veut rien entendre. Par la suite, il ne croit ni Tirésias ni Créon, qui brandit un carton sur lequel est écrit qu'Œdipe veut ignorer sa culpabilité. Et Créon de citer Apollon : « Ce qu'on ne veut pas savoir n'existe pas. Ce qu'on veut savoir existe ». C'est clairement laisser entendre qu'Œdipe enfouit ses soupçons au plus profond de lui-même, qu'il veut mener son existence comme si de rien n'était. Quand, dans la seconde partie de l'histoire d'Œdipe, Pasolini suit la pièce de Sophocle, Œdipe se trouve certes contraint de mener l'enquête sur ses origines. Mais il aura tout fait auparavant pour l'éviter. Le savoir le rattrape en quelque sorte (→ sur la quête d'identité, PROBLÉMATIQUE 8, p. 102).

DEUX COUPABLES DIFFÉRENTS

Parricide, incestueux, Œdipe l'est obligatoirement : la parole oraculaire le condamne inexorablement à le devenir. Est-il pour autant coupable ? La question se pose aussi bien dans la pièce que dans le film. Dramaturge et cinéaste y apportent des réponses différentes.

Un coupable malgré lui chez Sophocle

Parricide, Œdipe l'est malgré lui. Lui-même s'en explique : le conducteur d'un chariot voulait le contraindre à céder le passage, un passager d'un certain âge lui assène un coup de fouet : « Il paya cher ce geste-là », constate Œdipe (l. 840, p. 46). Une mêlée s'ensuit : « Je les tue tous » (l. 842, p. 46). L'orgueil, la colère, le refus de l'humiliation sont à l'origine du drame. À ce moment-là, Œdipe ignore le nom et la condition royale de sa victime et surtout que celle-ci est son père. L'aurait-il su qu'il ne l'aurait évidemment pas tué.

Incestueux, Œdipe l'est par son mariage, mais ce mariage résulte de la volonté des Thébains qui, pour susciter des vocations, ont promis la main de la reine à quiconque les délivrerait du Sphinx. Il s'agit d'un mariage pour raison d'État, laquelle ignore le mariage d'amour. Sophocle ne dit d'ailleurs rien des relations amoureuses du couple.

Dans les deux cas, Œdipe assume le poids d'une faute qu'il n'a pas intentionnellement commise. Coupable dans les faits, il est innocent dans l'intention.

Un coupable ambigu chez Pasolini

Dans le film, les circonstances du parricide sont différentes. Dès le premier regard échangé, une haine immédiate, mutuelle, saisit les deux hommes, comme si, sans se connaître, ils se reconnaissaient. Œdipe sait en tout cas que sa victime, qui porte couronne, est un roi. À sa vue, il éclate même de rire et il ne se soucie pas de savoir quel est ce roi. Son mariage avec Jocaste résulte certes de la loi des Thébains, mais si cette union est contrainte, elle est aussi acceptée, consentie. Comme le précise le scénario, « ils se sont épousés par la volonté des autres, mais derrière cette volonté il y avait la leur, subite, et quasiment impudique ». De fait Jocaste et Œdipe échangent à plusieurs reprises des regards complices, comme si, là aussi, ils se reconnaissaient, mais favorablement. L'inceste est longtemps vécu de manière heureuse. Œdipe transgresse les tabous en toute quiétude et indifférence. C'est ce qui le rend ambigu, ni tout à fait coupable, ni complètement innocent (→ PROBLÉMATIQUES 10 et 11, p. 112 et 116).

4 | Jocaste chez Sophocle et Pasolini

Reine de Thèbes, veuve de Laïos, mère et épouse d'Œdipe : tels sont les éléments qui composent la biographie de Jocaste. Le dramaturge et le cinéaste ne campent pourtant pas la même figure féminine : ni en termes de présence scénique, ni dans la façon d'évoquer l'épouse incestueuse et pas davantage dans l'explication de son comportement.

UNE PRÉSENCE SCÉNIQUE VARIABLE

Discrète chez Sophocle

Jocaste apparaît dans la tragédie à trois reprises : pour apaiser la querelle entre Œdipe, son époux, et Créon, son frère (p. 40-42) ; pour informer Œdipe des circonstances de l'assassinat de Laïos (p. 42-47) ; pour le dissuader enfin de s'enquérir plus avant de sa naissance (p. 50-57). Après quoi, elle regagne sa chambre pour s'y pendre, son suicide n'étant pas montré sur scène, mais relaté par un Messager (p. 64-65). De son physique, on ne sait rien : il est celui de l'actrice qui provisoirement l'incarne le temps d'une représentation.

Envahissante chez Pasolini

Jocaste est omniprésente dans le film : dès et durant tout le prologue et à partir de son remariage avec Œdipe. Même quand elle ne participe pas directement à une scène, comme lors de l'affrontement entre Œdipe et Tirésias, des gros plans viennent s'intercaler et la montrer, en spectatrice intéressée, à la fenêtre de sa chambre. L'épilogue rappelle enfin sa présence symbolique, le « pré » étant en psychanalyse un équivalent maternel (→ PROBLÉMATIQUE 2, p. 78). Jocaste possède aussi et à jamais le visage de l'actrice Silvana Mangano. Son maquillage la fait apparaître sans sourcils, presque sans âge, d'une blancheur et d'une fixité absolues comme s'il s'agissait d'un masque, derrière lequel se cacherait un mystère.

UNE ÉPOUSE INCESTUEUSE

▌Évoquée chez Sophocle

Si Œdipe est incestueux en faisant l'amour avec sa mère, Jocaste l'est aussi en faisant l'amour avec son fils. Cette relation incestueuse, Jocaste l'envisage ouvertement : « Ne redoute pas l'hymen d'une mère : bien des mortels ont déjà dans leurs rêves partagé le lit maternel » (l. 1002-1004, p. 52-53), dit-elle à Œdipe. Mais, dans le même temps où elle l'envisage, elle en repousse la réalité : d'abord en la cantonnant dans le domaine du fantasme (des « rêves ») ; ensuite en la dévalorisant, moins d'ailleurs au nom de la morale que d'un certain pragmatisme : « Celui qui attache le moins d'importance à pareilles choses est aussi celui qui supporte le plus aisément la vie » (l. 1004-1006, p. 53). Jocaste n'évoque par ailleurs les « enfants de ses enfants », fruits de l'inceste, qu'au moment de se pendre (l. 1302-1303, p. 65). Le poids du mythe impose l'inceste. Sophocle le dit consommé, mais dans le passé.

▌Campée avec insistance chez Pasolini

Tout autre est la Jocaste pasolinienne. L'inceste n'est pas seulement évoqué, rappelé, il est montré et réitéré. De la nuit de noces au suicide de Jocaste, sept séquences se déroulent dans la chambre conjugale, où Jocaste aime et se laisse aimer physiquement, passionnément. Dans les jardins, les couloirs ou l'atrium (cour intérieure) du palais, elle multiplie les gestes de tendresse envers Œdipe à chaque fois qu'elle le rencontre. Elle aussi en parle, mais en des termes légèrement différents de ceux de la Jocaste de Sophocle : « Pourquoi es-tu si épouvanté à l'idée d'être l'amant de ta mère, pourquoi ? Combien d'hommes n'ont pas fait, en rêve, l'amour avec leur mère ? Et vivent-ils épouvantés par ce rêve ? » L'« idée » (la pensée) précède le « rêve », qui en devient la justification.

DE LA CULPABILITÉ À L'INNOCENCE ?

▌Les éléments à charge

Jocaste est à sa façon une énigme : en épousant Œdipe savait-elle qu'elle épousait son fils ? Plusieurs éléments, tant dans la pièce que dans le film, plaident en faveur d'une réponse positive. Comment Jocaste n'a-t-elle pas remarqué la déformation des pieds de son mari ? Et comment cette déformation ne lui a-t-elle pas rappelé celle, jadis infligée, à son nouveau-né ? Son insistance à décourager Œdipe d'enquêter sur sa naissance la rend suspecte : « Ah ! Puisses-tu jamais n'apprendre qui tu es » (Sophocle, l. 1118, p. 57) ; « Pauvre Œdipe ! Que tu ne saches jamais de qui tu es l'enfant ! » (scénario). Cette connaissance n'entraîne pourtant pas les mêmes conséquences dans la pièce et le film.

▌Une femme résignée à son sort chez Sophocle

Son mariage est dans la tragédie imposé par les autres : le vainqueur du Sphinx et libérateur de Thèbes, quel qu'il fût, devait épouser la veuve de Laïos. C'est un mariage pour raison d'État. Hasard ou fatalité, il se trouve que c'est Œdipe. Que peut-elle dès lors faire ? Et comment doit-elle vivre ? Sophocle ne s'en explique pas vraiment. Une phrase de Jocaste éclaire toutefois son comportement : « Et qu'aurait donc à craindre un mortel, jouet du destin, qui ne peut rien prévoir de sûr ? Vivre au hasard, comme on le peut, c'est de beaucoup le mieux encore » (l. 1001-1002, p. 52). Autrement dit, en tant que « jouet du destin » elle ne s'estime pas coupable d'inceste. Elle a vécu « au hasard », comme elle a pu. À deux conditions toutefois, qui par la suite deviennent toutes deux caduques : qu'Œdipe ignore sa naissance et que nul dans Thèbes ne la sache ! D'où son suicide quand la vérité éclate. Jocaste meurt d'un secret désormais impossible à cacher.

Une femme longtemps heureuse chez Pasolini

Imposé par les autres comme chez Sophocle, le mariage est dans le film un mariage ouvertement présenté comme un mariage d'amour. Quand les deux époux entrent dans la chambre nuptiale, « c'est un regard de complices » qu'ils échangent. « Leur amour est entièrement dans la chair et l'âme en est entraînée » (scénario). C'est un inceste heureux, qu'elle vit en pleine connaissance de cause. Quand Tirésias prédit quel sombre avenir attend Œdipe, un plan la montre à sa fenêtre en train de sourire « orgueilleusement ». Lorsqu'elle entend Œdipe menacer Créon de mort, elle est assise dans son lit, les épaules nues et continue de tresser ses cheveux. S'impose avec elle l'idée d'un au-delà de la loi morale ou d'une contre-nature, qui lève le tabou de l'inceste. Jocaste vit son plaisir, qui ne trouve de limite que dans son assouvissement.

Son suicide est d'ailleurs très différent de celui que Sophocle évoque : elle n'est pas « éperdue », « elle ne court pas », précise le scénario : « son pas l'entraîne sûrement comme si elle obéissait à une nécessité profonde au point d'être joyeuse ». Seul un notable remarque sa profonde et brusque « douleur ». Un plan général la montre ensuite dans les jardins du palais où elle rit avec ses servantes, avant d'apparaître angoissée et horrifiée face à la caméra. Cette douleur et cette angoisse proviennent-elles d'être ravalée sous la loi morale commune ? ou de ne plus pouvoir être heureuse ? La question reste ouverte. La Jocaste pasolinienne meurt sans un mot, sans cri ni gémissement. La dernière vision que nous avons d'elle est son corps nu auquel s'accroche désespérément Œdipe.

5 | Tirésias chez Sophocle et Pasolini

Devin le plus célèbre de l'Antiquité, Tirésias est une figure du sacré. À ce titre, son intervention est décisive : il conteste le pouvoir et la félicité d'Œdipe. Pasolini le campe en suivant de près la tradition antique et le texte de Sophocle. Il lui donne toute-fois une dimension supplémentaire dans l'épilogue, qui est de sa totale invention, en faisant d'Œdipe un autre et moderne Tirésias.

UNE FIGURE DU SACRÉ

Un prophète

Dans la tragédie, Tirésias se dit aux ordres de « Loxias » (l. 427, p. 27), qui, en grec, signifie l'« Oblique », surnom donné à Apollon en raison de l'ambiguïté de ses oracles. Chez Pasolini, il dit ne dépendre que de « Dieu ». Son statut est intermédiaire entre l'hu-main et le divin. « Seul parmi les hommes », selon le Coryphée, il « porte en son sein la vérité » (l. 296, p. 22). D'après Œdipe, il scrute « aussi bien ce qui est du ciel que ce qui marche sur la terre » (l. 299, p. 22). Dans le film, Œdipe lui reconnaît au début un savoir absolu : « Je t'ai fait appeler, et de toi, je saurai tout » (scénario).

Un aveugle clairvoyant

Sophocle et Pasolini respectent la tradition qui fait de Tirésias un aveugle, toujours guidé par un enfant. Ni Sophocle ni Pasolini ne rappellent l'origine de cette cécité. Selon la légende, Tirésias vit un jour la déesse Athéna se baigner nue. Celle-ci le punit en le rendant aveugle, en lui accordant toutefois le don de prophétie. Tirésias se consacra dès lors à Apollon, dieu célèbre pour ses oracles.

Si, physiquement, Tirésias est atteint de cécité, il ne l'est pas moralement. Aveugle, il voit ce que les voyants ne voient pas ; l'aveugle sait, le voyant ignore. Tirésias est ainsi un anti-Œdipe (du moins jusqu'à son énucléation finale, c'est-à-dire jusqu'à ce que celui-ci se crève les yeux). Il incarne l'une des problématiques fondamentales du mythe, qui lie étroitement la clarté à l'ignorance et l'obscurité au savoir (→ PROBLÉMATIQUES 8 et 11 p. 102 et 116).

▌Un accusateur

Fort de ses dons et pouvoirs, Tirésias résout d'emblée l'énigme de l'assassinat de Laïos et en désigne le coupable : Œdipe, et Œdipe seul ! Celui-ci, ajoute-t-il, vit en outre dans l'inceste et l'infamie. Pasolini reprend presque mot pour mot le texte de Sophocle (p. 29) : « On saura qu'il est en même temps frère et père de ses enfants. Qu'il est fils et époux de sa mère » (scénario). Tirésias assène une vérité qu'il est, à ce moment, seul à connaître et qui paraît à Œdipe une monstruosité telle qu'il l'accuse de mensonge.

UNE INTERVENTION DÉCISIVE

▌Par ses révélations

La scène entre Œdipe et Tirésias tourne vite à l'affrontement, qui constitue l'un des sommets tragiques de la pièce comme du film. La progression dramatique en est d'ailleurs identique. Mandé par Œdipe, Tirésias refuse d'abord de dire ce qu'il sait, sachant à l'avance qu'il ne sera pas cru. Puis, blessé par les soupçons injurieux d'Œdipe, il révèle ce qu'il sait. Après quoi, il se retire laissant Œdipe aux prises avec le mystère de ses origines : « De qui suis-je le fils ? » (Sophocle, l. 454, p. 28) ; « Qui m'a mis au monde ? » (scénario).

Par son extrême violence chez Pasolini

L'affrontement des deux hommes est toutefois plus violent chez Pasolini. Comme le montrent les gros plans, Tirésias éprouve d'emblée une haine profonde pour Œdipe, incarnation vivante de l'infamie et du mensonge. Œdipe, de son côté, hurle, se précipite sur Tirésias et le jette brutalement à terre. Relevé par le Messager, Tirésias se déplace difficilement, preuve de la violence de l'agression. En s'en prenant ainsi à un prophète, de surcroît âgé et aveugle, Œdipe aggrave son cas : il se fait, volontairement cette fois, sacrilège.

Par un montage éloquent des plans cinématographiques

Le montage du film souligne la portée tragique de la rencontre. Chaque accusation de Tirésias est suivie d'un plan de Jocaste. Quand celui-ci accuse Œdipe d'inceste, la caméra opère un plan du ciel, effectue un lent panoramique sur les murailles du palais et montre Jocaste à sa fenêtre, que l'on voit sourire puis rire d'un petit rire nerveux, enfin se retourner toute riante vers ses servantes. Qui douterait à l'instar d'Œdipe du savoir et de la clairvoyance de Tirésias, serait convaincu de la vérité de ses dires : par ses allers et retours d'Œdipe à Jocaste et de Jocaste à Œdipe, l'image désigne et réunit les coupables.

LA RÉINTERPRÉTATION PASOLINIENNE DE TIRÉSIAS

Un musicien et un poète

Les deux hommes se sont rencontrés une première fois avant leur affrontement. À son arrivée à Thèbes, Œdipe est pris en charge par le Messager qui, avant de le conduire vers le Sphinx, lui fait rencontrer Tirésias. Adossé contre un mur, celui-ci le regarde sans prononcer un mot et commence à jouer de la flûte. Œdipe en est bouleversé. À l'origine, Pasolini avait prévu de le faire éclater en sanglots et écouter religieusement l'air que joue Tirésias. Un carton précisait ses pensées : « Il sait qui je suis, et il s'adresse à moi ! Poète ! Toi, poète avec ta tâche de recueillir la douleur des autres comme si c'était la douleur elle-même qui s'exprimait » (scénario). La séquence effectivement tournée est plus brève. Œdipe n'en écoute pas moins attentivement Tirésias.

Selon la mythologie, Apollon comptait parmi ses nombreuses attributions d'être musicien et poète. Même si Apollon jouait de la lyre et non de la flûte, Pasolini s'appuie sur cette tradition pour doter Tirésias de ces talents divins. Poète et mélomane, il ne pouvait qu'être sensible à cette donnée. Tout poète est musicien et faire d'un poète un prophète relève d'une très ancienne conception de la poésie, revivifiée notamment en France par le Romantisme.

▌ Œdipe, moderne Tirésias

Ces nouveaux habits de Tirésias ne constituent pas un ornement esthétique. La séquence s'achève en effet sur cette phrase mystérieuse d'Œdipe : « J'écoute ce qui est au-delà de mon destin. » Elle prend tout son sens dans l'épilogue, où, plus de vingt siècles plus tard, l'on voit Œdipe, désormais aveugle et guidé par Angelo, jouer à son tour de la flûte dans une zone industrielle : il est devenu Tirésias, un Tirésias moderne, qui, lui aussi, voit parce qu'il est devenu aveugle. L'air qu'il joue est une vieille musique révolutionnaire, exprimant la douleur de l'exploitation capitaliste. Ses dernières paroles confirment sa clairvoyance : « Ô lumière que je ne voyais plus, qui avant était en quelque sorte mienne, maintenant tu m'éclaires pour la dernière fois. Je suis de retour. La vie finit où elle commence. » Sa cécité qui l'empêche matériellement de voir cette « lumière » lui permet de voir au-delà des apparences. Tirésias se perpétue en lui. Ce n'est pas le moindre des retournements ni des paradoxes, que Tirésias l'ancien avait prévu : « Devenu aveugle et mendiant, il quittera Thèbes vers d'autres pays, étranger à nouveau, comme moi, misérable joueur de flûte » !

6 | Créon chez Sophocle et Pasolini

Créon vit à Thèbes avant l'arrivée d'Œdipe et y demeure après l'exil de celui-ci : il incarne l'avant et l'après Œdipe. Le respect des données légendaires fait que Sophocle et Pasolini le dotent des mêmes caractéristiques. Il n'en est pas moins différent chez l'un et chez l'autre. Le dramaturge fait de lui un anti-Œdipe tandis que le cinéaste le campe en accusateur lucide d'Œdipe.

DES CARACTÉRISTIQUES SIMILAIRES

Son identité

Descendant de Cadmos, le fondateur de Thèbes, Créon est le frère de Jocaste, le beau-frère en conséquence d'Œdipe. La tragédie débutant en plein règne d'Œdipe, Sophocle ne s'attarde pas sur ce qu'il fut entre la mort de Laïos et l'avènement d'Œdipe. Pasolini fait de lui un régent[1]. Lors de sa toute première rencontre, rencontre muette, d'Œdipe, il porte une couronne à ailes. Celle-ci est semblable à celle qu'Œdipe, jeune prince, portait à Corinthe, mais elle est moins imposante que celle de Laïos et d'Œdipe roi. Cette couronne est le symbole de son pouvoir, mais d'un pouvoir transitoire. Ni Sophocle ni Pasolini ne lui attribuent, comme le fait la légende, l'idée d'avoir promis la main de Jocaste au vainqueur du Sphinx[2].

---

1. Un régent gouverne un royaume pendant la minorité ou l'absence du roi légitime, ou encore, comme ici, en attendant qu'un nouveau roi soit désigné.
2. Selon la légende en effet, Hémon, le propre fils de Créon, aurait été dévoré par le Sphinx ; d'où sa promesse de donner le trône de Thèbes et la main de sa sœur à quiconque tuerait le Sphinx.

Ses apparitions

Chez Sophocle, Créon apparaît à trois reprises : quand, de retour du sanctuaire d'Apollon, il rapporte l'oracle liant la fin du fléau au châtiment des meurtriers de Laïos (p. 11-14) ; quand, accusé de comploter contre l'État, il tient tête à Œdipe, qui de colère l'exile (p. 32-40) ; et quand, devenu roi de Thèbes, il prend Œdipe en pitié (p. 71-75). Pasolini supprime totalement cette ultime scène pour lui substituer son épilogue moderne. Créon disparaît après avoir reçu l'ordre de s'exiler, sans qu'on sache vraiment s'il s'y conforme. On peut tout aussi bien imaginer qu'il assiste, parmi les notables, au départ définitif d'Œdipe.

Son utilité dramatique

Dans la pièce comme dans le film, le personnage est d'abord une utilité technique. Il l'est d'une triple façon. Comme Jocaste, il est un témoin du passé. C'est lui qui donne l'information, objet plus tard d'un retournement dramatique, selon laquelle Laïos aurait été tué par plusieurs bandits – ce qui exclut l'hypothèse d'un assassin solitaire et exonère en conséquence Œdipe de toute responsabilité. Il apporte ensuite un gage de vraisemblance, en expliquant pourquoi l'enquête sur le régicide n'a pu être menée à son terme, la terreur que faisait régner le Sphinx sur la région préoccupant trop les esprits. Mandaté par Œdipe pour consulter Apollon sur ce qu'il doit faire pour enrayer le fléau, il joue enfin le rôle d'un messager. C'est également lui qui a suggéré à Œdipe de consulter le devin Tirésias.

UN ANTI-ŒDIPE CHEZ SOPHOCLE

Un homme courageux

Son statut de membre de la famille royale lui fait toutefois dépasser sa fonction d'utilité. Avec Tirésias, il est le seul à affronter Œdipe et sa colère. Il se révèle un homme courageux, n'ayant aucunement peur de la mort, ne pouvant supporter le moindre déshonneur : « Que toute chance m'abandonne et que je meure à l'instant même sous ma propre imprécation, si j'ai jamais fait contre toi rien de ce dont tu m'accuses ! » (Sophocle, l. 674-676, p. 38). Comme Œdipe, il lance des imprécations, mais à la différence d'Œdipe, celles-ci ne se retourneront pas contre lui.

Un homme raisonnable

Courageux, Créon est aussi un être raisonnable, qui aime argumenter : « Tu as parlé : laisse-moi parler à mon tour, puis juge toi-même, une fois que tu m'auras entendu » (Sophocle, l. 551-553, p. 33). Il ne dit que ce qu'il sait, pas plus mais pas moins, ne rapportant à Œdipe que ce que lui a expressément dit l'oracle. La colère d'Œdipe, dont il voit qu'elle le met « hors de sens », le choque profondément. De tels emportements lui paraissent indignes d'un roi (p. 37). Là aussi, il ne fait pas que s'opposer à Œdipe, il en est le contraire. Lui ne s'emporte pas.

Un sage généreux et humain

L'ambition ne le dévore pas. D'être le frère de la reine lui confère des privilèges qu'il sait apprécier à leur juste valeur. C'est en philosophe qu'il répond à l'accusation, politique, de complot contre l'État. Quel serait en effet son intérêt ? « Aujourd'hui j'obtiens tout de toi, sans le payer d'aucune crainte : si je régnais moi-même, que de choses je devrais faire malgré moi ! » (l. 613-615, p. 36). Pourquoi rechercherait-il un pouvoir qui ne lui procurerait que des servitudes et aucun avantage ? Chez Créon, la raison et la mesure se conjuguent avec une certaine aptitude au bonheur. Sophocle en fait en outre un homme généreux, prenant Œdipe en pitié et s'en remettant pieusement aux dieux pour décider du sort de son beau-frère. Pondéré, compatissant et sage, Créon incarne l'idéal grec de l'honnête homme.

UN ACCUSATEUR LUCIDE
CHEZ PASOLINI

En supprimant son apparition finale, Pasolini donne moins d'importance à Créon que Sophocle. Il ne le cantonne toutefois pas dans un rôle de stricte utilité. Dans une scène muette, entre deux étreintes amoureuses d'Œdipe et de Jocaste, Créon, au milieu de notables, porte à son cou une sorte de pendentif sur lequel est écrit : « Voici, Œdipe veut ignorer sa culpabilité, et il en fait subir les conséquences à moi et à son peuple. » Ce faisant, Créon se fait accusateur public et porte contre Œdipe les mêmes accusations que Tirésias. Ce carton suggère en outre que, comme Tirésias, il connaît vérité, qu'il établit un lien entre l'inceste et la peste. Il accentue le tragique isolement d'Œdipe.

L'histoire personnelle de Créon ne commence vraiment qu'après l'exil d'Œdipe quand, pour garder le pouvoir, il s'opposera à Étéocle et Polynice, les deux fils d'Œdipe. De ce conflit politique, Sophocle se fait l'écho dans *Œdipe à Colone* ; et, beaucoup plus tard, Racine (dans *La Thébaïde,* 1662) et Jean Anouilh (dans *Antigone*, 1943) feront le sujet principal de l'une de leurs tragédies.

7 | Du Chœur grec à la cité moderne

Le Chœur occupe une place importante dans la pièce de Sophocle, ne serait-ce que quantitativement. Historiquement, il est sans doute à l'origine de la tragédie grecque : d'abord chant religieux entonné en l'honneur du dieu Dionysos, il évolua en intégrant progressivement des répliques non chantées entre des personnages. Les raisons qui expliquent sa présence chez Sophocle justifient son absence chez Pasolini. À près de vingt-cinq siècles de distance, le dramaturge et le cinéaste ne peuvent obéir à la même esthétique. Pasolini substitue au Chœur la foule puis la cité, aux attitudes très différentes les unes des autres.

DU CHŒUR À LA FOULE

Un chœur fortement présent chez Sophocle

Dans toutes les tragédies grecques, le Chœur, avec à sa tête le Coryphée, représente la cité, dont il est la délégation et le porte-parole dans l'espace scénique. Jocaste s'adresse à lui en le qualifiant de « chefs de ce pays » (l. 926, p. 49). L'expression désigne plus des notables que des détenteurs de la puissance politique. Jamais en effet le Chœur ne prend de décisions. Sa première apparition est pour évoquer la triste situation de Thèbes, dont il « souffre les morts » : « Tout mon peuple est en proie au fléau », constate-t-il (l. 176-177, p. 16). Le « salut » de la ville constitue son unique et constant souci. Toujours il se préoccupe du sort des « Thébains », du « peuple », au nom duquel il parle. La première personne du singulier par laquelle il s'exprime renvoie à un collectif : son « je » est en réalité un « nous ».

Un chœur totalement absent chez Pasolini

Une des modifications majeures qu'opère Pasolini, même quand il suit le texte de Sophocle, consiste en sa disparition complète. Tout juste peut-on voir dans les chants et la danse des participants à une noce un écho archaïque et fort lointain du Chœur (dans la scène de l'auberge où Œdipe, en route vers Thèbes, s'arrête). Comme en possible souvenir de son existence lointaine, des notables, vêtus de bleu, entourent bien Œdipe lors de ses apparitions royales. Mais, contrairement au Chœur et même au Coryphée, aucun d'entre eux ne s'adresse à Œdipe. Réduits au silence, ils sont aussi réduits à un rôle de figuration. Le plus souvent Pasolini transforme le Chœur en foule : foule des pèlerins au pied du sanctuaire de Delphes, foule des Thébains fuyant leur ville pour échapper aux griffes du Sphinx, foule des morts de la peste. Cette foule psalmodie ou gémit, sans jamais entamer le moindre dialogue.

ESTHÉTIQUES ANCIENNE ET MODERNE

La fonction lyrique du Chœur

Le Chœur est l'un des personnages essentiels de la tragédie grecque, à laquelle il donne une esthétique (une couleur) particulière. Il lui confère en effet son lyrisme. Évoluant dans ce que les Grecs nommaient l'« orchestre[1] », il s'y déplaçait en cadence, en exécutant des figures (comme on parle de nos jours d'une figure de danse). En même temps, le Chœur ne disait pas son texte mais le chantait. De quelle façon ? Il est difficile d'en reconstituer la partition précise. Mais le lyrisme de ses interventions demeure évident, même quand on les lit dans une traduction moderne : prière, supplique, invocation se succèdent dans une organisation strophique codifiée, sur un rythme tour à tour qualifié de « modéré » (p. 48 et 62), de « soutenu » (p. 58) ou d'« agité »

---

1. Matériellement, l'« orchestre » désignait la place semi-circulaire au pied des gradins.

(p. 67). C'est lui qui tire enfin la leçon de la pièce : « Regardez, habitants de Thèbes, ma patrie » (l. 1557, p. 75).

Une impossible survivance

Pareille présence du Chœur ne peut évidemment convenir à Pasolini. Le passage de la scène à l'écran, du mot à l'image, en rend la transposition impossible (à supposer que cela fût souhaitable). Le Chœur n'est guère imaginable dans le prologue et l'épilogue. Que ferait-il dans de modernes villes, industrielles ou de garnison ? Dans la moitié environ de la partie mythique, de Corinthe à Thèbes, Œdipe n'est qu'un errant. Un Chœur perdu au milieu du désert, n'aurait guère de sens. La musique l'a remplacé (→ PROBLÉMATIQUE 15, p. 137). À Thèbes, l'action se concentre sur le couple incestueux qu'il forme avec Jocaste. Lorsqu'il apparaît sur le seuil de son palais les yeux crevés, la foule se tait, horrifiée. L'image parle d'elle-même. Elle n'a pas besoin d'être commentée.

L'ATTITUDE DU CHŒUR ET DE LA CITÉ

Le Chœur commentateur de l'action

Dans la tragédie grecque, le Chœur ne participe pas directement à l'action, dont il est le plus souvent le commentateur. Il réagit à son déroulement, exprimant ses espoirs, ses craintes ou sa désapprobation. Par trois fois, il dialogue avec l'un des protagonistes : avec Œdipe (p. 21-22 et p. 39), avec Jocaste (p. 40) puis de nouveau avec Œdipe (p. 67-70). À chaque fois, c'est pour délivrer des conseils de bon sens ou de prudence. Gardien vigilant des traditions morales et religieuses de la cité, il condamne l'aveuglement et la démesure de l'homme, qui précipite ainsi sa chute : « Pauvres générations humaines, je ne vois en vous qu'un néant ! Quel est, quel est donc l'homme qui obtient plus de bonheur qu'il en faut pour paraître heureux, puis, cette apparence donnée, disparaître de l'horizon ? » (l. 1246-1250, p. 62-63).

L'indifférence de la cité face à l'artiste

Pasolini place le débat sur un autre plan, celui des rapports de la cité et de l'artiste.

Dans le prologue

Genèse moderne du mythe, le prologue évoque une petite ville marquée par la Première Guerre mondiale, comme le rappellent la présence du monument aux morts et le passage de deux officiers en uniforme. Cette cité qui unit pour mieux les confondre la figure paternelle et un visage guerrier, effraie l'enfant et, plus encore, le rejette. Elle le pousse d'autant plus vers la mère. L'histoire le condamne en quelque sorte à vivre sous et dans le « complexe d'Œdipe ».

Dans l'épilogue

L'épilogue montre une tout autre cité. Aveugle, guidé par Angelo, Œdipe joue de la flûte dans le centre historique de la ville de Bologne, sur les marches d'une cathédrale. Des gens plutôt bien habillés, d'allure bourgeoise, vont et viennent, entrent dans l'église ou en sortent, des touristes sont attablés à la terrasse d'un café. Personne ne prête attention au joueur de flûte ni même ne semble l'écouter.

Celui-ci change de lieu. Le voici à la sortie d'une usine dans une zone industrielle. Les ouvriers, à vélo, ne l'écoutent pas davantage alors même qu'il joue pour eux un air révolutionnaire. L'artiste, même quand il se veut près du peuple, est renvoyé à sa solitude. Lointaine réincarnation de Tirésias, il porte le même fardeau douloureux que lui : « Il est terrible de savoir quand le savoir ne peut servir de rien à celui qui sait ». Solitaire, aveugle mais lucide, il ne reste plus à Œdipe qu'à retourner sur le lieu de sa naissance pour y mourir (sur le tragique → PROBLÉMATIQUE 12, p. 120).

8 | La quête d'identité

La quête de l'identité est au cœur du mythe d'Œdipe : ne sachant d'où il vient, celui-ci part sur les traces de ses origines. C'est le fil narratif de la tragédie de Sophocle. Pasolini fait toutefois de cette quête légendaire un usage particulier : il s'en sert pour mieux se connaître et se comprendre. Cette quête s'approfondit enfin pour se muer en une interrogation sur la condition humaine.

ŒDIPE SUR LES TRACES DE SES ORIGINES

Qui suis-je ?

Œdipe qui, le premier, sut déchiffrer l'énigme posée par le Sphinx, est à lui-même une énigme qu'il est le dernier à savoir résoudre. Non seulement il ignore tout de lui, mais il se méprend sur ce qu'il croit être. Corinthe, pense-t-il, est sa ville natale, alors que c'est Thèbes. Polybe et Mérope, est-il convaincu, sont ses parents alors que ce sont Laïos et Jocaste. Époux de Jocaste, il est aussi son fils. Père, il est le demi-frère de ses enfants. Sa situation est la plus confuse qui puisse s'imaginer. Elle affecte les domaines essentiels de la biographie intime de tout être : la naissance, la sexualité, la procréation. Œdipe est un homme sans repère : « De qui suis-je fils ? » demande-t-il chez Sophocle (l. 454, p. 28) ; « Qui m'a mis au monde ? » lui fait dire Pasolini.

De l'ignorance de soi au mal-être

Parce qu'il ne se connaît pas, Œdipe est dans le film un errant, qui va de Corinthe à Delphes, de Delphes à Thèbes et de Thèbes à Bologne. À partir de Delphes, le hasard semble sa boussole : il ferme les yeux, tourne sur lui-même et s'engage dans la première direction qui se présente à lui. Son errance est le signe visuel de son désarroi : d'abord de ne pas savoir qui il est, puis de trop le savoir. À plusieurs reprises, les plans d'Œdipe sont flous comme si, privé de la connaissance de ses origines, il ne pouvait posséder aucune authenticité, aucune consistance. C'est également un homme qui parle peu ou par délégation. Totalement muet dans le prologue, il l'est presque dans l'épilogue, et, dans la partie mythique, il délègue sa parole à l'Œdipe de Sophocle. Ce sont autant de signes de son mal-être, voire de son non-être. Dans la pièce, les longues années de son règne, entre son mariage et le jour tragique, sont totalement passées sous silence, comme s'il ne s'était rien passé, comme si elles n'étaient qu'un long vide.

Enquêter ou ne pas enquêter ?

Œdipe enquête sur un criminel, le meurtrier du roi Laïos, qui n'est autre que lui-même. Ce faisant, il part à la quête de ses origines : volontairement chez Sophocle ; malgré lui chez Pasolini. « J'ai déjà saisi trop d'indices pour renoncer désormais à éclaircir mon origine » (l. 1107-1108, p. 57), lui fait dire le dramaturge. Dans le film, Œdipe fait tout, au contraire, pour ne pas avoir à percer le moindre mystère : « Je ne sais pas. Je ne veux pas le savoir », répond-il au Sphinx, qu'il tue pour ne plus à avoir à l'entendre. S'ils diffèrent intellectuellement, ces deux Œdipe se rejoignent, poids du mythe oblige, dans le malheur. « Ah ! Puisses-tu jamais n'apprendre qui tu es ! » avertit Jocaste dans la pièce (l. 1118, p. 57) ; « Que tu ne saches jamais qui tu es ! » répond en écho la Jocaste de Pasolini. Tant qu'il vit dans l'ignorance, Œdipe ne vit pas vraiment ; dès qu'elle se dissipe, il se perd. C'est une des sources du tragique (→ PROBLÉMATIQUE 12, p. 120).

LA CONNAISSANCE DE SOI
PAR LE DÉTOUR DU MYTHE

▌Des références autobiographiques avouées

Pasolini n'a jamais caché le caractère autobiographique de son film, dans lequel il a effectivement inséré de nombreux éléments de sa propre vie : « Le petit garçon du prologue, c'est moi, son père, c'est mon père, ancien officier d'infanterie, et la mère, une institutrice[1]. » Filmée en décor extérieur, la place du village avec son monument aux morts est celle du village de Sacile, en Basse-Lombardie, où, enfant, il vécut quelque temps. L'épilogue se déroule à Bologne, sa ville natale, et les arcades sous lesquelles Œdipe, désormais moderne, marche sont celles, fort célèbres, du « Portique de la Mort ».

▌Le détour par le mythe
▌ou l'autoportrait indirect

Qu'un auteur prête à son personnage des éléments de sa propre vie est une chose, d'ailleurs fort courante. Qu'il s'approprie un mythe au point d'y voir une image possible de sa propre vie est plus rare et même *a priori* plus déroutant. C'est pourtant ce que Pasolini a voulu faire : « Dans *Œdipe,* je raconte l'histoire de mon propre complexe d'Œdipe[2] ». Le prologue et l'épilogue enchâssent en effet la pièce de Sophocle, comme si celle-ci était une extension fantasmée, poétique et rêvée, de l'enfant du prologue et une préfiguration, également fantasmée, de l'adulte de l'épilogue. Naturellement, Pasolini n'a jamais tué son père ni épousé sa mère. L'Œdipe dans lequel il se projette est un Œdipe réinterprété à la lumière de la psychanalyse (→ PROBLÉMATIQUE 2, p. 77). Cette réinterprétation lui permet d'analyser les différentes

---

1. « Rencontre avec Pier Paolo Pasolini par Jean Narboni », *Cahiers du cinéma,* n°192 (juillet-août 1967), p. 54.
2. *Ibidem.*

étapes de la formation du complexe d'Œdipe, d'en comprendre le mécanisme et de se comprendre lui-même. La pièce de Sophocle devient ainsi un autoportrait indirect et symbolique de lui-même. Elle montre ce qui se joue dans l'inconscient du jeune enfant déposé sur le pré dans le prologue : enfant qui déjà rêve de posséder seul sa mère et de se poser en rival de son père.

❘ L'image de l'artiste voyant

Le mythe compte deux aveugles : Tirésias et Œdipe lui-même. Dans la pièce de Sophocle, Œdipe se retire symboliquement du monde en s'énucléant et il n'atteint une forme de sérénité que dans *Œdipe à Colone.* Pasolini fait de ces deux personnages des aveugles voyants, capables, précisément parce qu'ils sont aveugles, d'accéder à des vérités, intérieures et supérieures, qui échappent à ceux qui ne sont pas atteints de cécité. Or quand Œdipe rencontre pour la toute première fois Tirésias et qu'il l'entend jouer de la flûte, il le considère non comme un prêtre d'Apollon mais comme un « poète ». Œdipe ne fait pas alors de distinction entre le « devin » et le poète » : pour lui, Tirésias est « devin » parce qu'il est « poète », et c'est parce qu'il est « poète » qu'il peut exprimer « la douleur des autres ».

Poète lui-même, Pasolini se peint dans le musicien aveugle de l'épilogue. Son itinéraire retrace symboliquement son évolution intellectuelle et artistique. Jouant d'abord sur les marches de la cathédrale, il finit par s'en éloigner – comme Pasolini s'est éloigné du catholicisme, dans lequel il a baigné durant son enfance, plus d'ailleurs par tradition sociale et culturelle que par adhésion. On le retrouve ensuite dans une zone industrielle, où il joue pour des ouvriers sortant d'usine un air révolutionnaire – expression de son engagement communiste, au service du peuple et de la révolution.

UNE INTERROGATION
SUR LA CONDITION HUMAINE

▌ Un élargissement du sens

Le mythe d'Œdipe ne se résume pas toutefois à la quête d'un individu particulier mais possède une portée plus générale. La question : « qui est Œdipe ? » en cache une autre : « qu'est-ce que l'homme ? ». Selon la légende, l'énigme que le Sphinx proposait aux passants concernait l'homme, chaque homme, tout homme : « Quel est l'être qui marche à quatre pattes le matin, à deux à midi, à trois le soir ? » Œdipe comprend qu'il s'agit de l'homme – enfant, adulte et vieillard s'appuyant sur un bâton. À l'origine est donc l'homme.

Sophocle donne le dernier mot de sa tragédie au Coryphée, le chef du Chœur : « Gardons-nous d'appeler jamais un homme heureux, avant qu'il ait franchi le terme de sa vie sans avoir subi un chagrin » (l. 1563-1565, p. 75). Comment l'homme se définit-il (même quand il n'est ni parricide ni incestueux) ? Comment vivre ? Dans l'ignorance ou dans le savoir ? Qu'est-ce que le bonheur ? Ces questions ne concernent ni le seul personnage d'Œdipe ni la seule personnalité de Pasolini.

▌ Une portée universelle
▌ par un syncrétisme[1] culturel

Supprimant le Chœur, Pasolini supprime tout naturellement le personnage du Coryphée qui le dirige. Il n'en reprend donc pas le propos final. Chez lui, l'universalité du mythe s'exprime par le syncrétisme culturel. Le décentrement géographique, qui conduit de l'Italie dans une Grèce fictive aux couleurs du sud du Maroc, l'universalise dans l'espace : né en Grèce, le mythe se déploie

---

1. *Syncrétisme* : mélange de divers éléments appartenant à des doctrines, philosophiques, religieuses ou politiques, différentes.

partout. La bande sonore emprunte à des traditions musicales très différentes les unes des autres : à Mozart et à son *Quatuor en ut majeur*, à des chants populaires roumains, à la musique japonaise, au cri humain. Les costumes appartiennent autant à l'art africain qu'aztèque (→ PROBLÉMATIQUE 14, p. 130). Sur la route de Thèbes, Œdipe assiste à une fête rituelle. Les références au christianisme coexistent avec le matérialisme révolutionnaire de l'épilogue. C'est bien de l'homme, de toutes les époques, de toutes les civilisations et quelques soient ses convictions, dont il est question.

9 | Les relations amoureuses

La sexualité est au cœur du mythe d'Œdipe. Qu'elle relève d'une pratique endogame ou exogame[1], elle se révèle problématique pour tous les personnages. Le couple de Jocaste et d'Œdipe vit à cet égard dans la plus complète des ambiguïtés. Pour le dramaturge mais plus encore pour le cinéaste, se pose la question de savoir comment dire et filmer l'inceste, qui demeure de nos jours un des grands tabous de la morale collective.

UNE SEXUALITÉ PROBLÉMATIQUE

Des couples à histoires

Aucun couple, tant dans la pièce que dans le film, ne vit une sexualité conforme à ses vœux. Cantonnés chez Sophocle à leur rôle de parents adoptifs, plutôt débonnaires chez Pasolini, les souverains de Corinthe forment un couple stérile. Sexualité et procréation sont dissociées. C'est exactement l'inverse pour le couple que formèrent Laïos et Jocaste. Procréant Œdipe, ils engendrent leur malheur. Genèse moderne du mythe, le prologue du film campe un couple d'abord fusionnel puis progressivement menacé dans son intimité même : « La première chose que tu me voleras, ce sera, elle, la femme que j'aime… Et déjà tu me voles son amour », pense le père contemplant son fils. Tous ces couples portent en eux une fêlure.

---

1. L'endogamie caractérise les mariages entre soi (entre les membres d'une même tribu, d'un même clan, d'une même famille…). L'exogamie en est l'exact contraire (mariage avec des membres d'autres tribus, d'autres clans…), qui prohibe donc l'inceste.

Un labyrinthe symbolique

La séquence de la prostituée qu'Œdipe rencontre sur la route de Thèbes est de l'invention de Pasolini, qu'il place significativement dans un dédale de ruines. Œdipe longe des murs plus ou moins effondrés, franchit un porche, pénètre dans les vestiges d'un édifice, où il découvre enfin une jeune femme aux seins nus, un collier de pierres autour du cou. Le labyrinthe est traditionnellement le symbole de l'errance, de l'égarement. Il est celui des rapports d'Œdipe avec sa sexualité. Le corps féminin s'expose à sa vue en objet de transaction. Comme à chaque fois qu'il est en désarroi, il porte la main à sa bouche, la mord et, en la circonstance, s'enfuit : d'horreur devant la prostituée ou d'effroi devant la femme ?

LE COUPLE DE JOCASTE ET D'ŒDIPE

L'ambiguïté de leurs relations amoureuses

La toute première rencontre de Jocaste et d'Œdipe se place sous un double signe : celui de la raison d'État, qui contraint Jocaste à épouser le vainqueur du Sphinx et celui, inexistant chez Sophocle, d'une adhésion profonde à cette contrainte. Les regards et sourires qu'ils échangent sont ceux d'une acceptation, comme s'ils reconnaissaient être faits l'un pour l'autre.

Leurs relations se placent sous le signe, également symbolique, du clair-obscur. Dans le prologue aussi bien que dans la partie mythique du film, la chambre conjugale est baignée d'obscurité. Les scènes d'amour y sont masquées, à l'image de l'identité réelle des deux époux (et, évidemment, pour échapper à une possible censure des autorités italiennes, encore très sourcilleuses dans les années 1960). Les deux seules fois où la chambre est dans la lumière, c'est, dans le prologue, pour montrer un couple physiquement apaisé, mais très vite en proie à l'inquiétude, et, presque à la fin de la partie mythique, quand Œdipe, agrippant les épaules de Jocaste et la secouant, crie que Polybe et Mérope sont ses vrais parents.

Ambigus, sont enfin les gestes de tendresse qu'ils ont l'un pour l'autre : tantôt la femme caresse la joue de son mari, tantôt le mari caresse la joue de sa femme. Ce sont des gestes à la fois maternels et amoureux. Le spectateur, informé de l'identité réelle des deux époux, ne peut qu'en être troublé.

Montrer le désir

En psychanalyse, le pied renvoie au sexe, dont il est l'équivalent inconscient (d'où l'expression « prendre son pied »). Or Œdipe possède une hypertrophie durable de ses pieds, due aux trous effectués dans ses talons pour y faire passer une corde afin de le transporter plus facilement sur le mont Cithéron. Quand ils le recueillent, les souverains de Corinthe l'appellent d'ailleurs à plusieurs reprises « pieds enflés ». Œdipe est donc un personnage qui claudique et qui possède une sexualité à l'image de ses pieds, hors norme. Pasolini, qui réinterprète le mythe à la lumière de la psychanalyse, ne l'ignore évidemment pas. Aussi donne-t-il à Œdipe l'initiative des ébats amoureux. Dans la partie mythique, dans les jardins et les couloirs du palais, il fait de même. Une seule fois Jocaste prend l'initiative de l'embrasser. Souvent elle tente de refréner ses ardeurs. Presque toujours, à l'exception de la scène où Œdipe finit par l'appeler « Mère », elle s'abandonne avec jouissance.

DIRE ET FILMER L'INCESTE

Mots, regards et montage

Même si le mot, en tant que tel, n'est jamais prononcé, l'inceste domine le mythe d'Œdipe, dont il est, avec le parricide, l'une des deux données fondamentales. Chez Sophocle, sa réalité apparaît crûment dans le désespoir final d'Œdipe : « Hymen, hymen à qui je dois le jour, qui, après m'avoir enfanté, as une fois de plus fait lever la même semence et qui, de la sorte, as montré au monde des pères, frères, enfants, tous de même sang ! des épousées à la fois femmes et mères » (l. 1432-1437, p. 70). L'apparition de ses deux filles, Ismène et Antigone, en renforce le tragique. Pasolini a choisi de supprimer ce final. Les scènes d'amour n'étant que suggérées, l'inceste se révèle d'abord dans le montage du film. La chambre (à l'exception de la porte), le lit et la position transversale des époux sur celui-ci figurent dans des plans exactement identiques dans le prologue et la partie mythique. Le visage de l'épouse de l'officier et de Jocaste adopte la même position inclinée. Dans les deux cas, elle enlève sa robe, de même couleur bleue, avec les mêmes gestes. À mesure qu'elle prend conscience de l'inceste ou qu'elle prend conscience des craintes puis des certitudes d'Œdipe, son regard s'assombrit, comme celui de la mère s'assombrissait à la fin du prologue.

L'inceste se lit également dans les yeux des spectateurs : d'une part parce que Pasolini suppose qu'ils connaissent déjà le mythe, d'autre part parce que c'est la même actrice qui incarne ces deux personnages de femme. Les spectateurs ne peuvent ainsi voir et interpréter le film que dans cette perspective incestueuse.

Morale et tabou

L'*Œdipe roi* de Sophocle illustre le tabou de l'inceste : malheur à qui, volontairement ou non, s'en affranchit, ou prétend le banaliser ! Œdipe est maudit et se maudit, il devient le criminel le moins pardonnable. Quant à Jocaste, elle se punit en se pendant. Pasolini adopte un point de vue légèrement différent. Les deux séquences relatives à la peste succèdent immédiatement à des scènes d'amour du couple royal. Le fléau apparaît ainsi comme la conséquence de cette union illégitime. C'est en montrer l'horreur, la monstruosité. La condamnation de l'inceste naît du montage. Mais Pasolini ressuscite Œdipe dans l'épilogue, un Œdipe apaisé, qui, parce qu'il est aveugle, voit maintenant clair en lui-même, comme si la transgression du tabou de l'inceste (et du parricide) était en soi dépassée.

10 | Œdipe est-il libre ?

Le mythe d'Œdipe est-il un mythe de la fatalité, illustré chacun à leur manière par Sophocle et Pasolini ? La tentation est forte de répondre à cette question par l'affirmative. Rien n'est toutefois moins sûr. Œdipe paraît à l'analyse moins victime de la fatalité que de lui-même. Prédire ne signifie pas en effet prédestiner. Œdipe conserve sa liberté et en use, même si, chez Pasolini c'est dans un cadre déterminé.

UNE APPARENTE VICTIME
DE LA FATALITÉ

▌Un destin présenté comme inéluctable

Les faits sont clairs : Œdipe tue son père et épouse sa mère, exactement comme un oracle l'avait à sa naissance prédit à ses parents (Sophocle, p. 41), comme Apollon le lui a prédit à Delphes (p. 45) et comme Tirésias le lui annonce (p. 29). Malgré tous ses efforts, Œdipe n'échappe pas à son destin. Lui-même reconnaîtra qu'un sort horrible s'est acharné sur lui, « le maudit entre les maudits, l'homme qui parmi les hommes est le plus abhorré des dieux » (l. 1383-1384, p. 68). Pasolini tente bien de brouiller les cartes en peignant la fatalité aux couleurs du hasard. À chaque carrefour qu'il rencontre en chemin, Œdipe refuse de choisir son itinéraire : il ferme les yeux, tourne sur lui-même et emprunte la route qui se présente à lui. Mais ce hasard est trop étrange pour en paraître vraiment un : il conduit invariablement Œdipe dans la direction de Thèbes.

Les oracles en question

La parole oraculaire n'en est pas moins fréquemment frappée de suspicion. Œdipe doute de la véracité des propos de Tirésias, en qui il finit par voir un « charlatan » et un comploteur (Sophocle, p. 26). Jocaste soutient que « jamais créature humaine ne posséda rien de l'art de prédire » (l. 737-738, p. 41). Le Chœur est lui-même sceptique sur la valeur à accorder aux oracles (p. 31).

De fait, la parole oraculaire ne semble pas très logique. Pourquoi Tirésias, dont chacun admire les pouvoirs de divination, n'a-t-il pas, le premier et bien avant Œdipe, percé l'énigme posée par le Sphinx (p. 26) ? Pourquoi « Pytho », qu'Œdipe vient consulter à Delphes sur ses origines, répète-t-il l'oracle jadis annoncé à Laïos, sans vraiment répondre à la question posée ? Enfin la découverte et le châtiment du meurtrier de Laïos ne semblent pas faire cesser la peste, comme Apollon l'avait dit à Créon. Sophocle n'en dit en effet strictement rien. Tout se passe donc comme si la parole oraculaire manquait de fiabilité.

ŒDIPE VICTIME DE LUI-MÊME

Un homme imprudent

En revanche Œdipe paraît bien davantage victime de ses fautes et imprudences. Il est en effet aussi clairvoyant qu'aveugle. Sachant qu'il risque de tuer son père et que celui-ci n'est peut-être pas Polybe, il devrait au moins s'abstenir de tuer tout homme qui peut avoir l'âge de son père. Or il fait exactement le contraire. De même, par simple prudence, ne devrait-il pas épouser une femme qui peut avoir l'âge de sa mère. Si la loi de Thèbes impose à Jocaste d'épouser le vainqueur du Sphinx, elle ne contraint pas le vainqueur à accepter ce mariage. Ici et là, Œdipe manque d'un singulier discernement. Il aggrave même son cas dans le film. La tricherie qu'il commet au lancer du disque afin de remporter la victoire et d'être couronné préfigure la suite de son existence : Œdipe est prêt à tout pour être le premier.

▌Un homme emporté par ses passions

S'il manque à ce point de discernement, c'est qu'il se laisse dominer par ses passions. L'orgueil, la colère et le refus de l'humiliation expliquent le meurtre de Laïos sans qu'il soit nécessaire d'invoquer la fatalité. Œdipe lui-même l'explique fort bien : « Le vieux [Laïos] me voit, il épie l'instant où je passe près de lui et de son chariot il m'assène en pleine tête un coup de son double fouet. Il paya cher ce geste-là ! » (Sophocle, l. 837-840, p. 45-46). Même fouetté, Œdipe pouvait le laisser passer.

L'Œdipe pasolinien tue, lui, sous l'emprise de la haine, d'une sorte d'état second provoqué par son épuisement et dans l'éblouissement du soleil. Mais il sait, contrairement à l'Œdipe de Sophocle, qu'il tue un roi, puisque Laïos a mis sa couronne, ce qui provoque chez lui un bel éclat de rire. Plus tard il aurait dû se rendre compte que la couronne qu'il porte est identique à celle que portait Laïos. Quant à Jocaste, il l'épouse par ambition, pour devenir roi, et par attirance physique. Quand un événement a des causes, il devient difficile de l'imputer à la fatalité.

ŒDIPE LIBRE ET SOUMIS

▌Chez Sophocle

Aucun oracle ne précise quel châtiment doit subir le meurtrier de Laïos. C'est Œdipe, et Œdipe seul, qui prononce la sentence et se l'applique : « aucune autre main n'a frappé que la mienne, la mienne ! [...] Que pouvais-je encore voir dont la vue pour moi eût quelque douceur ? » dit-il (l. 1376-1378, p. 68). Son aveuglement est un acte de lucidité, le premier de toute la pièce : « Il est si doux à l'âme de vivre hors de ses maux », ajoute-t-il (l. 1420, p. 69). Comment comprendre ce paradoxe ?

La prescience n'est pas la prédestination. Par définition, les dieux savent à l'avance ce qu'Œdipe ignore et que, lui, ne découvrira que progressivement. Eux connaissent ses passions et, connaissant ses passions, ils savent où celles-ci le conduiront. L'oracle d'Apollon ne fixe pas en conséquence le sort d'Œdipe : il le découvre, il le révèle. Ainsi se concilient la liberté et la parole oraculaire. Œdipe était libre. Que n'a-t-il mieux écouté les dieux ! La notion de fatalité est d'ailleurs étrangère à la culture grecque. Si le grec possède des termes pour désigner le hasard, le sort, la relation de cause à effet, ce qu'on appelle en philosophie « la nécessité objective », il n'en a aucun pour désigner la fatalité. Il est significatif que le mot dérive du terme *fatum*, d'origine latine.

▍Chez Pasolini

Juste avant de découvrir Jocaste pendue et de se crever les yeux, Œdipe soliloque, comme « dans un rêve » et murmure : « Maintenant tout est clair… Voulu, non pas imposé par le destin ». La formule « non pas imposé » préserve, au moins partiellement, la liberté d'Œdipe, mais que restreint le participe passé « voulu ». C'est poser la question suivante : qui *veut* en quelque sorte mais *n'impose pas* ? Pour répondre à cette question, il faut revenir à l'interprétation psychanalytique que Pasolini fait du mythe. Le film raconte « l'histoire de [son] propre complexe d'Œdipe » (→ PROBLÉMATIQUE 2, p. 77). Le prologue relate la constitution de ce complexe, dont le nouveau-né n'est évidemment pas responsable. Un déterminisme affectif et psychologique ne s'en met pas moins en place, dont la partie mythique est le déroulement fantasmé. Le film fonctionne dès lors comme une thérapie, qui permet à Pasolini de prendre conscience de ce qui s'est joué pour lui dès sa prime enfance. Ce fut « voulu » au sens de logiquement conséquent, mais « imposé » par personne. L'Œdipe pasolinien finit par adhérer à l'existence qu'il s'est faite à l'intérieur du déterminisme affectif qui fut objectivement le sien.

11 Œdipe est-il coupable ?

La culpabilité d'Œdipe est délicate à établir. Ce coupable est en effet un innocent en intention, tout en se mettant de situation de devenir coupable, de sorte qu'il perd progressivement son innocence.

UN COUPABLE INNOCENT

Un parricide malgré lui

Dans la pièce comme dans le film, Œdipe ignore l'identité de sa victime, au moment où il l'assassine. C'est alors pour lui un « vieillard », un « inconnu » (Sophocle, p. 45 et 46). Comment d'ailleurs pourrait-il soupçonner qu'il s'agit de son propre père ? Il lui faudrait pour le savoir connaître les circonstances de sa naissance puis de son adoption. Cette vérité, Œdipe ne la découvre que progressivement et longtemps après. Son ignorance atténue sa culpabilité. Même s'il est objectivement parricide puisqu'il a bel et bien tué son père, il le fut malgré lui. Il est à remarquer que personne ne lui reproche d'avoir tué plusieurs hommes, comme si c'était d'une extrême banalité.

Pasolini complique malgré tout la situation. Œdipe et Laïos s'observent et, dès le premier regard, se haïssent. « Quelque chose d'inhumain et d'hystérique » (scénario) les défigure. Cette haine n'est compréhensible que si elle implique une forme de reconnaissante spontanée ou inconsciente. Sans se connaître formellement, les deux adversaires se reconnaissent. Selon la lecture psychanalytique que Pasolini fait du mythe, le père et le fils ne peuvent que se dresser l'un contre l'autre. Œdipe sait par ailleurs de manière certaine cette fois que le vieillard est de condition royale, puisque celui-ci met sa couronne. L'éblouissement qui floute la séquence suggère enfin la monstruosité du meurtre du père qui, dans tous les sens du terme, n'est pas regardable. Chez Pasolini, le spectateur en sait plus qu'Œdipe lui-même, alors que, chez Sophocle, c'est l'inverse qui se produit. Œdipe apprend à Jocaste (et par la même occasion au spectateur) les circonstances du drame.

▌Incestueux sans le savoir

Le même constat s'impose à propos de l'inceste. Œdipe ignore que la femme qu'il épouse au moment où il l'épouse, est sa mère, même si, tant chez Sophocle que chez Pasolini, celle-ci n'ignore peut-être pas que son nouveau mari est son fils (sur Jocaste, → PROBLÉMATIQUE 4, p. 86). Pasolini laisse toutefois planer un doute sur le degré réel de connaissance que l'un et l'autre ont de leur parenté. Œdipe et Laïos se haïssaient dès le premier instant. Œdipe et Jocaste échangent des regards intenses dès leur première rencontre puis « complices » (scénario) dès leur nuit de noces. Plus tard, Œdipe appellera Jocaste « Mère » avant même d'en avoir les preuves irréfutables.

UN COMPORTEMENT COUPABLE

▌Un être de démesure

Il est bien évident qu'Œdipe n'aurait pas tué Laïos s'il avait su que celui-ci était son père, ni épousé Jocaste s'il avait su que celle-ci était sa mère : preuve en est que, se croyant fils de Polybe et de Mérope, il s'interdit de retourner à Corinthe pour faire mentir l'oracle. Ni le hasard ni la fatalité n'expliquent toutefois qu'il devienne parricide et incestueux. Son comportement et ses réactions l'ont en effet mis en situation de le devenir. Les Grecs désignaient sous le terme d'*hybris* (ou *hubris*) la démesure qui, gonflant certains humains de trop d'orgueil, les pousse à commettre l'irréparable. Or Œdipe ne s'attaque au Sphinx que parce que le trône de Thèbes est promis à son vainqueur. C'est très net chez Pasolini où, sans prononcer le moindre mot, Œdipe court affronter le Sphinx dès que le Messager l'en a informé. Fils de roi, qui s'exile lui-même du royaume de Corinthe qui lui était promis, il conquiert un autre royaume à la pointe de son épée.

▍Un être en plein aveuglement

Sous le terme d'*atê,* les Grecs désignaient l'aveuglement moral dont les hommes au faîte de leur puissance pouvaient témoigner. Trop de fierté, trop de confiance en soi, trop de gloire ou trop de désir de tout connaître ne pouvaient que les conduire à la catastrophe. Vénéré par les Thébains comme un « sauveur » (Sophocle, l. 46, p. 9), imbu de lui-même pour avoir triomphé du Sphinx – ce qui, dit-il, n'était pas à la portée du « premier venu » (l. 408, p. 26) –, trop conscient de sa puissance qui lui confère sur chacun un droit de vie et de mort, Œdipe néglige systématiquement les avis qui lui sont donnés. Il n'écoute pas Tirésias qu'il accuse de comploter contre lui ; il ne croit pas davantage Créon, qu'il soupçonne de vouloir prendre sa place ; il se refuse à entendre les prières de Jocaste, sur lesquelles il commet un contresens. Si celle-ci le supplie de ne pas chercher à savoir qui il est, ce n'est pas, comme il le pense, parce qu'il se découvrirait de basse extraction, « fils et petit-fils d'esclaves » (l. 1112, p. 57). En lui l'*hybris* et l'*atê* se renforcent mutuellement pour le perdre.

UN INNOCENT DEVENU COUPABLE

▍Une culpabilité objective

Le montage du film présente expressément la peste comme la conséquence directe de l'inceste. La séquence montrant les ravages du fléau vient juste après la séquence de la nuit de noces.

Leur juxtaposition équivaut à un rapport de cause à effet. Un plan panoramique de la ville d'où s'élèvent des cris et des pleurs suit de même une nouvelle scène d'amour. Explicitant les pensées de Créon, un carton précise : « Voici, Œdipe veut ignorer sa culpabilité, et il en fait subir les conséquences à moi et à son peuple. »

Chez Sophocle, le lien s'établit différemment. Il se fait d'abord par l'oracle d'Apollon, que rapporte Créon : « un seul moyen nous est offert pour nous délivrer du fléau ; c'est de trouver les assassins de Laïos » (l. 304-305, p. 22). Il se fait ensuite par Tirésias, qui le renforce par l'accusation d'inceste. Chacun sait ou redoute qu'Œdipe ne soit le seul responsable du fléau. Tous l'estiment coupable – à l'exception, au moins pour quelque temps, de lui-même.

▎ Une culpabilité subjective

Œdipe finit par se découvrir coupable. À mesure que les doutes l'assaillent, il s'érige en son propre procureur : « Suis-je donc pas un criminel ? suis-je pas tout impureté ? » (Sophocle, l. 850-851, p. 46). D'interrogatif, son propos devient affirmatif : « J'apparais aujourd'hui ce que je suis en fait : un criminel, issu de criminels » (l. 1426-1427, p. 70). Juge de lui-même, il prononce le verdict auquel il se condamne ; bourreau de lui-même, il l'exécute en s'énucléant. Ses dernières paroles sont celles d'un maudit qui se voue à la damnation, qui se retranche des hommes : « cachez-moi quelque part, loin d'ici ; tuez-moi, ou jetez-moi à la mer, en un lieu vous ne me voyez jamais plus… » (l. 1438-1440, p. 70). Le champ lexical de la « souillure » imprègne son discours.

Pasolini atténue la culpabilité subjective d'Œdipe : d'abord en supprimant les pathétiques adieux d'Œdipe à ses filles et la supplique qu'il adresse à leur sujet à Créon (Sophocle, p. 72-73) ; ensuite en faisant de l'énucléation un geste certes de désespoir mais aussi le moyen d'accès à une connaissance supérieure, comme le confirme la résurrection d'Œdipe dans l'épilogue. La culpabilité d'Œdipe se trahit dans son geste de se mordre le dos de la main, signe tangible, visuel par excellence de son mal-être.

12 | Du tragique grec au tragique moderne

Le tragique ne se réduit pas à l'atrocité d'une action. Tout dépend du contexte dans lequel elle se produit. Chez Sophocle comme chez Pasolini, le tragique naît d'abord de la résurgence d'un univers inquiétant où l'homme, réduit à ses seules forces, réfléchit sur sa condition d'homme. Pasolini y ajoute une dimension plus moderne, celle de l'homme privé de toute espérance.

UN UNIVERS LÉGENDAIRE INQUIÉTANT

Un retour aux origines mythiques du monde

L'*Œdipe roi* de Sophocle transporte le spectateur (ou le lecteur) dans un monde lointain, presque primitif, habité par des forces mystérieuses. Les hommes y vivent sous le regard de puissances supérieures et invisibles. Des oracles parlent, mais ce qu'ils disent n'a rien de rassurant. Des monstres rôdent, tels le Sphinx, « l'ignoble Chanteuse » (l. 405-406, p. 26). Dans le film, le choix du sud marocain comme décor de la partie mythique, avec ses espaces désertiques et ses constructions en pisé[1], donne physiquement l'impression d'un retour vers des temps révolus. De longs silences, accompagnant le plus souvent des plans panoramiques, accroissent le sentiment d'irréalité, comme si le monde était à sa naissance. La musique japonaise que l'on entend le renforce, comme si l'univers résonnait des sons premiers. Les chants

---

1. *Pisé* : matériau de construction à base d'argile, de paille et de cailloux.

populaires sont volontairement rendus incompréhensibles, comme si l'on assistait à la naissance d'un premier langage articulé[1].

Un monde empreint de pathétique

Ce monde des origines s'enveloppe d'une atmosphère particulièrement pathétique. La description de la peste constitue un véritable tableau funèbre, d'autant plus fort que les mots sont d'une précision sèche : « Et la Cité se meurt en ces morts sans nombre. Nulle pitié ne va à ses fils gisant sur le sol : ils portent la mort à leur tour, personne ne gémit sur eux » (Sophocle, l. 185-187, p. 16). Cette hypotypose[2] littéraire se transforme dans le film en de terribles images : des morts gisent dans les rues, des pilleurs de cadavres sont pendus, des corps sont brûlés dans de rougeoyants bûchers. L'apparition d'Œdipe sur le seuil du palais, la face ensanglantée, les yeux crevés, est un autre moment fort du pathétique. La scène est d'autant plus insupportable que, le film ne dévoile Œdipe que progressivement : on voit d'abord ses mains, puis sa silhouette de trois quarts, enfin, son visage en plein écran.

UNE INTERROGATION SUR L'HOMME

Sur lui-même

Cet univers primitif aux couleurs fortement pathétiques dépouille l'homme de tout ce qui pourrait le détourner de lui : il le rend à sa condition première, à l'état brut ou pur. Est-il libre ? Commande-t-il sa vie ? Ou sa vie dépend-elle de forces qui lui sont ou supérieures ou inconnues. Pourquoi le mal et le malheur ? Le parricide et l'inceste suscitent l'effroi, mais Œdipe qui s'en rend coupable est-il un monstre ? À chaque fois qu'il use de sa liberté, il accélère

---

1. Sur le rôle de la bande son → PROBLÉMATIQUE 15, p. 134.
2. *Hypotypose* : procédé littéraire consistant en une description ou une évocation animée et frappante, de telle sorte qu'elle s'impose durablement dans l'esprit du lecteur. Cette image littéraire puis mentale trouve évidemment son équivalent direct dans l'image filmique.

la réalisation de l'oracle. Dramatiquement efficace, ce mécanisme est philosophiquement angoissant. Certains actes – tous ? – échappent-ils à leur auteur ? Et si tel est le cas, quelle est la part de sa responsabilité ? Œdipe est une conscience torturée par ce qui le dépasse. Qui est-il ? Il est l'homme s'interrogeant sur son identité (→ PROBLÉMATIQUE 8, p. 102). Qui sommes-nous ?

Sur la Cité

Dans la pièce de Sophocle, le malheur que vit Thèbes, frappée par la peste, s'efface progressivement devant le drame personnel d'Œdipe. On ne sait pas vraiment si, conformément à l'oracle d'Apollon rapporté par Créon, le fléau cesse avec la découverte du meurtrier de Laïos. La chute d'Œdipe roi n'entraîne même pas de crise politique. Créon assure la succession et s'en remet sagement aux dieux pour décider du sort définitif d'Œdipe.

Il en va tout autrement dans le film. L'épilogue transporte Œdipe dans le monde moderne, dans une cité (Bologne) peuplée, dotée dans sa périphérie d'une zone industrielle. Aveugle comme Tirésias et accédant comme lui à une vérité supérieure, Œdipe, joueur de flûte, incarne l'artiste. Quel est son rôle dans la Cité ? Marxiste convaincu, Pasolini dénonce l'exploitation de la classe ouvrière – symbolisée par la cacophonie bruyante de la zone industrielle et la sortie des ouvriers de l'usine. L'air, révolutionnaire, qu'il joue pour eux, les appelle à une prise de conscience, que bien peu toutefois paraissent écouter. C'est la solitude tragique de l'artiste.

UNE DÉSACRALISATION DU MONDE

De la frayeur religieuse à l'athéisme

La tragédie de Sophocle se déroule sous le signe du sacré. Si Jocaste doute des pouvoirs de divination de Tirésias, elle ne remet pas en cause l'existence des dieux. Elle-même s'en va prier dans « les temples des dieux » (l. 927, p. 49). Le Chœur s'indigne du comportement sacrilège de certains. S'il s'exclame que « le respect des dieux s'en va » (l. 925, p. 49), c'est pour le déplorer. « Zeus » reste son recours. Les dieux sont là pour châtier les humains, dès lors qu'ils dévient du droit chemin. Pour justifier l'abandon par Jocaste de son nouveau-né, le serviteur de Laïos explique qu'« elle avait peur d'un oracle des dieux » (l. 1232, p. 62).

Ces dieux redoutables et redoutés n'existent plus chez Pasolini. Les références religieuses, notamment chrétiennes, y subsistent certes, mais elles sont détournées de leur valeur première. Lors de sa nuit de noces, après sa première union avec Œdipe, Jocaste apparaît les pieds légèrement posés l'un sur l'autre. C'était la position des pieds du Christ sur la Croix. Le symbole chrétien en perd toute signification. Certains y ont d'ailleurs vu un intolérable sacrilège. Quand elles ne sont pas détournées, les valeurs religieuses sont réduites à un simple héritage culturel, dès lors dénué de toute transcendance. La cathédrale de l'épilogue est un monument que l'on visite, non un lieu où l'on voit des gens prier.

▌L'homme abandonné

Le meurtre de Laïos revêt une double signification : il signe au sens propre la mort du père et au sens symbolique la mort de Dieu. Angelo, dont le nom dérive du mot « ange », ne délivre plus aucun message, contrairement aux anges qui sont dans la tradition chrétienne des envoyés et des messagers de Dieu. L'homme se retrouve seul. Œdipe marche au hasard, errant dans un désert. Cette errance est elle aussi symbolique. Privé de tout horizon surnaturel, l'homme qui ne sait déjà pas qui il est ne sait pas davantage où il va. Ignorant le sens de sa vie, Œdipe s'épuise ainsi à marcher sans trouver le moindre réconfort, sauf un bref moment dans une auberge. Il est significatif que durant son errance, il ne parle ni ne chante. Il crie le plus souvent, traduisant son effroi d'être sans raison d'exister. Œdipe finit par se résigner à sa solitude, à sa finitude (le fait d'avoir à mourir, de n'être pas promis à l'éternité). C'est l'expression du tragique moderne.

13 | Le traitement du temps

Toute narration, littéraire ou cinématographique, se déroule sur un axe temporel, dont il devient un élément structurel. La manière dont un dramaturge ou un réalisateur traitent le temps n'est donc pas indifférente. Elle obéit à une intention esthétique ou idéologique. Sophocle et Pasolini font du temps un usage contrasté, déroutant de prime abord. Sa condensation coexiste avec sa dilatation. Sa linéarité (passé, présent, futur) est bouleversée pour finalement en donner une vision poétique.

CONDENSATION ET DILATATION

Un temps resserré chez Sophocle

La tragédie grecque n'était pas soumise, comme le sera plus tard la tragédie française classique, à la célèbre règle des « trois unités » (de temps, de lieu et d'action). La pièce de Sophocle ne s'en déroule pas moins en une journée et même en quelques heures. La durée objective du spectacle (une heure et demie à deux heures) coïncide presque idéalement avec la durée supposée de l'action. La succession de rencontres et d'affrontements ne nécessite pas plus de temps qu'il n'en faut aux acteurs pour interpréter leur rôle. Parfois la vraisemblance en souffre certes un peu. Combien faut-il de temps par exemple pour aller chercher et ramener le Serviteur, berger de son état dans la campagne environnante de Thèbes ? Entre l'ordre d'Œdipe d'aller le chercher et son arrivée ne s'intercale qu'une brève intervention du Chœur (p. 58-59). Mais ce resserrement du temps accroît l'intensité dramatique de la pièce. Foudroyante, la détresse d'Œdipe, chutant du plus grand bonheur dans le malheur le plus absolu, n'en est que plus pathétique.

Un temps dilaté et fragmenté chez Pasolini

Le réalisateur étire davantage le temps. La partie mythique du film représente et isole dix jours de la vie d'Œdipe, d'après le décompte que l'on peut établir de la succession des nuits et des jours. Cela ne signifie absolument pas que cette partie dure dix jours : entre ces journées, un temps parfois très long s'écoule. L'abandon sur le mont Cithéron et l'adoption d'Œdipe par les souverains de Corinthe en constituent la première séquence. La deuxième s'ouvre sur un jeune homme jouant au disque. Combien d'années se sont écoulées entre les deux ? Quinze ans, vingt ans ? Quand Œdipe demande à Créon combien de temps s'est écoulé depuis la mort de Laïos, celui-ci répond : « Beaucoup de temps ». Le prologue use du même procédé en montrant trois moments de la prime enfance du bébé. L'épilogue use de la même technique. Pasolini choisit ainsi des moments clés, parfois fort éloignés les uns des autres. Il fractionne le temps et en dilate les éléments fragmentés.

UNE FAUSSE LINÉARITÉ

Une chronologie brisée

Aussi bien dans la tragédie que dans le film, les prophéties de Tirésias bouleversent la représentation que l'on a traditionnelle-ment du déroulement chronologique du temps (passé, présent, futur). Celles-ci n'annoncent pas en effet ce qui va se produire dans un futur plus ou moins proche. Elles révèlent ce qui s'est déjà produit. Au moment où Tirésias s'exprime, Œdipe est déjà parricide et déjà incestueux. Ce qu'il annonce, c'est la mise à jour d'un passé jusque-là ignoré. Plus le temps s'écoule, plus en principe Œdipe va du présent vers le futur, plus il retourne vers son passé, qui le rattrape en quelque sorte. Quant au prologue et à l'épilogue, ils sont évidemment anachroniques. Or le propre de l'anachronisme est d'ignorer la chronologie, de mélanger les époques, d'attribuer à l'une d'elles ce qui appartient à une autre. C'est la base même du système temporel qui se trouve ainsi remis en question.

Un temps cyclique

Chez Sophocle, le temps, même resserré, s'écoule : il y a un début et une fin. Chez Pasolini au contraire, le temps revient sur lui-même. Quand tout s'achève, tout recommence. Le décor de la dernière séquence de l'épilogue est absolument identique à celui du premier plan du prologue : c'est la même maison que longent Œdipe et Angelo comme la longeaient deux soldats ; on entend la même musique militaire ; et c'est surtout le même pré. Œdipe revient sur les lieux de sa naissance : « La vie finit où elle commence », dit-il. Ce sont ses ultimes paroles. Pasolini développe une conception cyclique du temps, celle de l'éternel retour : à l'image même du « complexe d'Œdipe » qui disparaît en principe quand l'homme devient adulte mais qui renaît avec et dans chaque enfant.

UN TEMPS POÉTIQUE

Le temps immémorial du mythe

La tragédie et la partie centrale du mythe renvoient tous deux aux premiers âges du monde, quand les dieux parlaient encore directement ou indirectement aux hommes, quand des animaux fabuleux, mi-bêtes mi-hommes comme le Sphinx, cohabitaient avec les humains, quand des prophètes (Tirésias) assuraient une communication entre le sacré et le profane. C'est ce que les spécialistes des mythes et les historiens des civilisations nomment le temps anté-historique. Cet anté-historique est évidemment impossible à dater. Tout au plus peut-on observer que le mythe d'Œdipe se place à la fin de cette période puisque Thèbes est déjà organisée en ville-état. Remonter dans un passé extraordinairement lointain colore le temps de poésie. Le désert sud-marocain, dévoré par le soleil, exempt de tout repères spatio-temporels, n'offrant que des rochers, des montagnes et une vieille citadelle de pisé rouge, est la traduction visuelle de ce temps hors de l'histoire, de cette remontée vers les origines.

Un temps onirique

Chez Pasolini, le temps appartient enfin au domaine du rêve. Dès le prologue, l'enfant rêve, comme l'indique le long et lent panoramique du ciel et des arbres. La scène de bal est perçue comme un théâtre d'ombres et le feu d'artifice qui éclate bruyamment comme un cauchemar. L'utilisation de courtes focales[1] déformantes donnent de la réalité un aspect étrange. Pasolini s'en explique : « Si j'avais tourné de façon réaliste la partie moderne, j'aurais obtenu un contraste facile et ennuyeux. C'est pour cela que je l'ai montré comme un rêve avec des objectifs déformants[2]. » Cet onirisme se prolonge dans la partie mythique du film. Œdipe décide de se rendre à Delphes pour élucider le sens d'un « mauvais rêve » qui l'a tenu éveillé et effrayé toute une partie de la nuit. La scène du meurtre est par sa violence vécue comme un cauchemar. Le soleil éblouit tant que sa réalité s'en trouve, au moins en partie, estompée.

D'une manière plus générale, la postsynchronisation (le off[3]) donne l'impression que les voix viennent d'ailleurs, comme entendues dans

---

1. *Focale* : distance entre le foyer optique de l'objectif et le plan du film. La courte focale est inférieure à 50 mm. Cette très grande proximité donne de la réalité une image déformée, en l'isolant de tout contexte, comme si elle appartenait à un monde différent, presque étrange.
2. Pier Paolo Pasolini, « Œdipe roi », *Cahiers du cinéma*, n°195, nov. 1967, p. 13.
3. *Off* : « hors de » en anglais. Le son off provient d'une source invisible à l'écran, située dans un ailleurs spatio-temporel.

un songe précisément. Les thèmes musicaux jouent le même rôle. Qu'il s'agisse de la jeune mère du prologue ou de Jocaste, dans la partie mythique, c'est le même thème musical qui est associé à l'une et à l'autre. Comme c'est le même thème musical qui est associé au père soldat et à Laïos. Tout se passe donc comme si le film était un long songe plus ou moins éveillé, l'expression de l'inconscient du bébé dans ses langes déposé dans l'herbe.

14 | Décor, vêtements, objets : le paralangage[1] de l'image

Au théâtre comme au cinéma, tout est signe. Le théâtre ne se réduit pas plus à des dialogues entre personnages qu'un film à une succession d'images ou de plans. Décors, vêtements et objets constituent un véritable langage, certes particulier puisqu'il est sans mot, mais à forte expression. Les décors sont d'autant plus signifiants qu'ils paraissent irréels. Les vêtements révèlent la personnalité de ceux qui les portent. Quant aux objets, ils sont eux aussi très évocateurs.

UN DÉCOR SIGNIFIANT

Du silence du texte à l'image obsédante

Le théâtre grec, joué en plein air, ignore la notion de décor. Sophocle n'en dit rien. Sa pièce se déroule tout entière « sur le seuil » du palais. Une didascalie[2] indique l'existence d'une « grande porte » (p. 75), une autre celle du « gynécée », demeure traditionnelle des femmes (p. 73). Mais quel est ce palais, son architecture extérieure ou intérieure ? Aucune scène ne se passe

---

1. *Paralangage* : langage non verbal, qui comprend le décor, les accessoires, les costumes, la gestuelle.
2. *Didascalie* : indication scénique donnée directement par le dramaturge et généralement imprimée en italiques.

dans son enceinte, pas même la pendaison de Jocaste, annoncée et décrite par un Messager. Au lecteur et au metteur en scène d'imaginer le décor.

Par définition, l'image s'impose d'elle-même à la vue et à l'esprit : décors urbains dans le prologue et l'épilogue du film de Pasolini ; décors montagneux ou désertiques, villes en pisé censées être Thèbes ou Corinthe. Imposant leurs formes, naturelles ou géométriques, ces décors imposent aussi leurs couleurs. Le fauve, l'ocre du sable, le blanc des crêtes enneigées ou de la luminosité trop intense du soleil composent des tableaux, au sens pictural du terme.

Un décor esthétiquement signifiant

S'ils constituent les cadres de l'action, ces décors possèdent par eux-mêmes une signification. Dans le prologue et l'épilogue, ils équivalent évidemment à une datation (→ PROBLÉMATIQUE 16, p. 139). Plusieurs plans de la partie mythique s'attardent sur des étendues désertiques, vides de tout personnage et dénués de tout fond sonore. Sur le plan dramatique, ils ne concourent donc en rien à l'action, qu'ils suspendent même. Sur le plan esthétique, ils jouent en revanche un rôle essentiel. La délocalisation géographique, de la Grèce vers le sud marocain, ressemble à un voyage dans le temps. L'éloignement dans l'espace fonctionne comme un retour dans le passé. Les constructions en pisé évoquent les âges premiers de la civilisation. Matériellement, cette délocalisation obéit à un refus absolu de réalisme, mais ce refus permet de s'approcher au plus près de la vérité du mythe.

LES VÊTEMENTS RÉVÉLATEURS DES PERSONNAGES

Une grande diversité

Muet sur le décor, Sophocle l'est tout autant sur les vêtements de ses personnages. La tradition était et reste encore souvent dans les mises en scènes modernes de faire jouer les acteurs en toge, blanche de préférence, au drapé fort plissé, comme le suggère la statuaire[1] gréco-romaine. Mais rien n'interdit à un metteur en scène de choisir des costumes modernes.

Pasolini opte résolument pour la plus grande diversité, aux antipodes de nouveau de tout réalisme et de toute vraisemblance. Il habille ses personnages comme jamais un Grec ne s'est sans doute habillé. Les coiffes avec plumes empruntent à la culture aztèque ; les tuniques (notamment lors de la scène de l'auberge), aux traditions africaines ; les structures coniques, au monde égyptien ou sumérien.

Une pluralité de significations

Ces vêtements portent en eux-mêmes plusieurs significations. Leur diversité participe du syncrétisme culturel présent dans tout le film, donnant matériellement au mythe d'Œdipe une valeur universelle. Ce sont en outre des indicateurs de fonction sociale. Polybe, Mérope, Laïos, Œdipe portent des couronnes qui, même si elles nous paraissent extravagantes, symbolisent leur pouvoir. La barbe, postiche, que portent Laïos puis Œdipe suggèrent autant un âge qu'une maturité. Le fait qu'elle soit exactement la même montre la continuité politique, et familiale, des deux règnes. À Delphes, la Pythie puis le Sphinx, à Thèbes, arborent d'immenses masques qui recouvrent le haut de leur corps. Ces masques les rendent à la fois visibles et invisibles : visibles aux humains par leur apparence ; et invisibles par les liens qu'ils entretiennent avec le sacré et l'au-delà. Ils traduisent leur statut d'intermédiaires. La couleur des vêtements permet enfin de mieux identifier les personnages ou d'établir entre eux de discrets rappels. À Corinthe, seul Œdipe porte un manteau rouge, qui le distingue de ses camarades ; à Delphes, il est tout de blanc vêtu, alors que tous les autres sont habillés de noir. Les couleurs renforcent

---

1. *Statuaire* : en sculpture, l'art de représenter l'homme (les statues).

l'efficacité d'un plan de demi-ensemble ou d'un plan moyen[1]. Elles peuvent aussi se répondre : Jocaste porte une robe dont le bleu rappelle la chemise de nuit bleue de la mère de l'enfant dans le prologue.

LES OBJETS : DE L'UTILITÉ AU SYMBOLE

Des objets fonctionnels et évocateurs

Les objets sont peu nombreux. Certains d'entre eux possèdent une utilité évidente, tels les casques et les armes, lors de la mort de Laïos. Leur forme est très archaïque. L'épée d'Œdipe tient en effet plus de la machette ou du sabre court que de l'épée propre-ment dite. Les casques des soldats de Laïos font songer à des heaumes et plus précisément à des armets[2]. Symboles par excel-lence de la dignité royale, les carrosses n'ont rien de réaliste, sinon par leur utilité pratique. Celui de Laïos est en fait un charriot, tiré par des ânes. Quant à celui de Jocaste, il s'agit d'une brouette.

Trois objets particulièrement importants

La chambre conjugale, la poutre de son plafond et la broche en or de Jocaste retiennent l'attention par leur valeur dramatique. Les plans du lit sont tout aussi fréquents dans le prologue que dans la partie mythique du film. Celui-ci est le même dans les deux cas. C'est le lieu de l'amour conjugal, détesté à ce titre par l'enfant, puis de l'inceste, quand cet enfant a grandi et a pris la place de son père auprès de sa mère. Si la peste est la consé-quence de l'inceste, le lit en est l'origine, et, plus amplement, l'ori-gine de toute l'histoire d'Œdipe, de sa naissance à son mariage incestueux. Le plafond de la chambre, précise le scénario, est en « roseaux coloriés, avec une grosse poutre qui le soutient ».

---

1. Dans le langage cinématographique, un plan de demi-ensemble cadre un personnage dans un lieu ; un plan moyen cadre seulement le personnage tout entier.
2. *Armet* : petit casque fermé. Le heaume est plus important.

Cette « poutre » que Jocaste fixe au moment même où Œdipe vient de l'appeler « Mère » fonctionne comme un signe et une annonce : Jocaste ne la contemple que parce qu'elle envisage déjà de s'y pendre. L'image vaut à elle seule un aparté ou un monologue intérieur. Sa broche en or que dans l'ardeur de son désir Œdipe essaie de dégrafer revêt naturellement une valeur tragique : c'est avec elle qu'il se crèvera les yeux !

L'image apparaît ainsi comme un substitut du langage, elle est, du moins chez de grands réalisateurs comme Pasolini, un langage à part entière, le langage même de la réalité.

15 | La bande son : la voix, le chant, la musique

Même si Pasolini emprunte au cinéma muet le procédé des cartons[1], il dote son film d'une bande son aussi variée qu'élaborée, porteuse de sens au même titre que le montage ou les dialogues. Elle donne aux spectateurs l'impression d'assister à l'émergence de la voix humaine. Des chants s'élèvent, très différents de ceux de la tragédie grecque. La musique, quant à elle, caractérise les personnages et révèle l'essentiel.

L'ÉMERGENCE DE LA VOIX

▌Des sons inarticulés...

Au début est le silence, celui d'une calme fin d'après-midi dans une bourgade italienne, dans un prologue qui est presque totalement muet. À la fin est aussi le silence, dans un épilogue également muet, à l'exception des appels à Angelo et du bref échange conclusif entre celui-ci et Œdipe. Entre les deux, dans la première moitié de la partie mythique, le silence règne encore sur des étendues désertiques, vides de toute habitation. Le silence est inhérent aux commencements, aux origines, quand l'homme ou le mythe s'éveille.

Puis viennent des cris et des rires. Ce sont ceux, naturels, des jeux, des danses et des fêtes. D'autres sont beaucoup plus inquié-

---

1. Sur ce procédé, voir les Résumés et repères pour la lecture du film p. 49.

tants. La prêtresse de Delphes éclate de rire quand elle révèle à Œdipe son destin. Lui-même se met à rire, de la même façon qu'il éclate de rire quand il voit son adversaire se coiffer de sa couronne. Chez Pasolini, le rire naît de l'excès de tragique, quand les mots manquent pour dire ou supporter le malheur.

Littéralement, les cris expriment de même l'indicible. L'Œdipe pasolinien parle peu mais crie beaucoup : dans le prologue, pour dire sa peur ; dans la partie mythique, pour tuer. La mort de Laïos et de ses gardes forme une longue séquence pleine de fureur. Œdipe halète, hurle en fonçant sur ses adversaires. Les blessés hurlent à leur tour avant de mourir. Laïos gémit. Aucun mot, quel qu'il soit, n'est articulé, proféré. Par sa violence, la tuerie est en deçà du langage ; par le parricide, elle en est au-delà. Jocaste se pend dans le plus grand silence. Œdipe, qui vient de se crever les yeux, clame sa souffrance et son désespoir, mais c'est pour expliquer vouloir « ne plus voir et ne plus entendre *rien* », pour dire qu'il « faut *se taire* sur les choses impures [...] *se taire* ». Pasolini frappe les mots de discrédit pour atténuer le pathétique au profit de la représentation tragique.

▌ ... à la voix articulée mais postsynchronisée

Pasolini avait l'habitude de tourner sans prise directe de son, comme s'il s'agissait d'un film muet. Les voix que l'on entend sont donc postsynchronisées, comme pour un doublage. Une écoute attentive permet de déceler un léger décalage entre les lèvres et la voix, comme si cette dernière était au sens propre désincarnée, comme si elle venait d'ailleurs. Une impression d'étrangeté en découle, qui transporte le spectateur dans un autre monde, lointain et mystérieux. C'est le procédé du son *off*[1], ainsi appelé parce qu'il provient d'une source invisible à l'écran, d'un lieu et d'un temps autres. Toute la scène dans laquelle Polybe présente

---

1. *Off* : abréviation anglaise de l'expression « off screen », littéralement « en dehors de l'écran ».

le nouveau-né à Mérope est en voix off. La prêtresse de Delphes ne s'exprime en *off* que lorsqu'elle dit à Œdipe : « Dans ton destin il est écrit que tu assassineras ton père et que tu feras l'amour avec ta mère. » L'affrontement d'Œdipe et de Tirésias se déroule lui aussi en grande partie en son *off*. Par cette source particulière de son énonciation, le langage approfondit la sensation de dépaysement. Qui parle vraiment ? Le spectateur se trouve transporté dans un monde poétique, qui est le propre de l'univers mythique.

LE CHANT : DU CHŒUR GREC À L'ACCOMPAGNEMENT CHORAL

Lyrisme et tragédie chez Sophocle

Œdipe roi est une tragédie en partie chantée. Le chœur y occupe encore une place importante, même si à l'époque de Sophocle celle-ci s'était progressivement réduite[1]. Il ne s'exprimait qu'en chantant ou en psalmodiant, tout en dansant dans l'« orchestra[2] ». Les informations manquent pour en reconstituer les lignes mélodiques. Du moins sait-on que les rythmes sur lesquels il s'exprimait étaient variés, allant d'« assez agité » à « mélodrame » en passant par « modéré » ou « soutenu ». Ses interventions ne constituaient pas des intermèdes, encore moins des intermezzos[3]. Elles ne suspendaient pas en effet l'action. Tantôt, par exemple, le Coryphée (le chef de chœur) dialogue avec Œdipe ou Jocaste, tantôt le chœur interpelle directement l'un ou l'autre, tantôt enfin il déplore le cours des événements. Structurellement et dramatiquement, il est inhérent à la représentation tragique.

---

1. Un siècle avant Sophocle, à l'époque d'Eschyle (né vers 525 avant notre ère), les chants du chœur occupaient la partie la plus importante de la tragédie.
2. Voir note 1, p. 99.
3. *Intermède* : divertissement (parlé, chanté, mimé, dansé) venant s'intercaler entre les actes ; un « intermezzo » est de même nature, mais strictement musical.

L'accompagnement choral chez Pasolini

La bande son du film comporte plusieurs chants, dont la fonction est très différente de celle du Chœur grec. Générés par l'action, ils en sont l'accompagnement vocal. Ainsi les servantes de Mérope chantent pour exprimer leur joie de voir leurs souverains adopter Œdipe. Les cérémonies de crémation s'accompagnent de chants funéraires. Tous présentent une double caractéristique : ils n'ont rien de grec et ils sont volontairement incompréhensibles (sauf pour les spectateurs comprenant le roumain et l'arabe). C'est le fond sonore et ancien des émotions humaines, comme surgissant des premiers âges.

LA MUSIQUE : DE LA CARACTÉRISATION À LA RÉVÉLATION

Une allégorie sonore des personnages

À chaque personnage correspond un thème musical qui le personnalise et l'identifie. La musique militaire que l'on entend dès le second carton du générique est évidemment associée au père, officier de carrière. Elle se fait de nouveau entendre lors du dernier plan de l'épilogue quand Œdipe et Angelo parviennent au pré originel. Les notes du quatuor de Mozart constituent dès le prologue le thème de la mère. Significativement, il se fait entendre lors de la scène où, dans la partie mythique du film, Jocaste explique à Œdipe les circonstances dans lesquelles elle dut abandonner son nouveau-né sur le mont Cithéron. La musique associe pour les confondre deux périodes de leur vie, passée et présente. Flûte et tambour signent enfin le thème du destin, que l'on perçoit à chaque moment clé de l'existence d'Œdipe : à Delphes juste après l'oracle ; sur la route de Thèbes, à la croisée de deux chemins ; lors du combat contre Laïos et ses soldats.

La flûte et ses joueurs

La flûte[1] est le seul instrument visible à l'écran et remplissant une fonction importante dans le film. Le premier à en jouer est Tirésias, qu'Œdipe écoute avec fascination : « Comme je voudrais être toi ! Tu chantes ce qui est au-delà du destin », pense-t-il. La formule « au-delà du destin » suggère que la flûte n'est pas qu'un simple instrument mais le vecteur de vérités plus profondes, la « voix » du sacré. Dans l'épilogue, Œdipe devient à son tour un joueur de flûte. À l'entrée d'une usine, il joue un vieux chant révolutionnaire, comme pour inciter à aller « au-delà » de la situation politique et économique. Pasolini réserve à la flûte une fonction de dévoilement.

---

1. Pasolini n'étant pas à un anachronisme près, cette flûte est une flûte moderne, à bec, et non l'antique flûte de pan.

16 | L'image est un langage

Pasolini insère la tragédie de Sophocle dans la seconde moitié de la partie mythique de son film. Ni le prologue ni l'épilogue, tous deux très modernes, ne s'en inspirent. Quant à la première moitié de la partie mythique – du mont Cithéron à Thèbes –, elle puise aux sources de la légende d'Œdipe, laquelle est antérieure au texte grec (→ PROBLÉMATIQUE 1, p. 70). Or ce qui relève de l'invention de Pasolini se caractérise par une économie de mots. Le prologue et l'épilogue sont presque totalement muets. Et jusqu'à l'arrivée d'Œdipe à Thèbes, les dialogues sont rares et souvent brefs. S'il en est ainsi, c'est parce que Pasolini use de la caméra non comme un simple outil de reproduction photographique mais comme un langage à part entière.

UN MONTAGE SIGNIFIANT

Le texte grec traité comme une image de l'inconscient

La transition du prologue à l'histoire d'Œdipe s'effectue par un double raccord : géographique avec le passage de la chambre italienne au désert marocain ; et physique avec les pieds serrés ou attachés d'Œdipe. C'est inscrire la partie mythique dans la continuité du prologue et non pas en rupture avec celui-ci. Comme l'enfant du prologue dort dans son berceau, l'histoire d'Œdipe apparaît comme un développement onirique, comme la projection d'un rêve. La tragédie grecque se change dès lors en un scénario de l'inconscient, dont elle devient la mise en scène.

Cette métamorphose est d'autant plus troublante que, selon de nombreux psychanalystes modernes, l'inconscient ne s'exprime jamais par des mots, mais toujours par des images.

Des raccords en forme de raisonnement

Si la structure du film est signifiante, la succession ou la juxtaposition des plans l'est également. L'une et l'autre valent raisonnement logique. La simple succession des plans amoureux et des morts de la peste établit visuellement un lien de cause à effet. La séquence du lancer du disque a valeur de préfiguration : couronné à la suite d'une tricherie, Œdipe deviendra roi de Thèbes à la suite d'une faute, et dans un même contexte de violence. Ici, il roue de coups celui qui le traite d'enfant trouvé, là il tuera Laïos. Ses réactions devant la prostituée – scène totalement muette – illustrent les troubles de sa sexualité. Point n'est besoin pour Pasolini de passer par des mots ni même par des cartons ni de traduire l'image. Elle se suffit à elle-même : l'image montre et elle dit.

LES ÉCRITURES DE L'IMAGE

De la focalisation interne à la vision (caméra) subjective

En littérature, la focalisation interne consiste rapporter un récit par le point de vue exclusif de l'un des personnages. Le lecteur ne sait, ne voit que ce que le personnage sait et voit, et rien d'autre. La vision subjective (encore appelée l'ocularisation interne) en est l'équivalent cinématographique. En voici deux exemples significatifs. Juste après avoir entendu les terribles paroles de la prêtresse de Delphes, Œdipe erre parmi une foule de marchands et d'animaux, qu'il voit à peine, tant est grand son désordre intérieur. La caméra épouse littéralement son désarroi. Quand il voit enfin la borne indiquant « Corinthe », il fait demi-tour et s'éloigne dans la direction exactement contraire. Tout commentaire est inutile.

L'éblouissement qui blanchit jusqu'à l'œil de la caméra est celui-là même d'Œdipe quand il attaque le charriot de Laïos.

De la focalisation externe aux gros plans[1] révélant le non-dit

Si le spectateur voit par les yeux d'Œdipe, il voit inversement Œdipe par ses propres yeux (ou plus exactement par l'œil de la caméra). Les gros plans de visage qu'affectionne particulièrement Pasolini sont alors l'équivalent de la focalisation externe (où le narrateur rapporte les événements en position de témoin objectif). La contemplation des visages constitue une lecture des pensées des personnages. La mobilité ou la fixité d'un regard, l'esquisse ou non d'un sourire, l'inclinaison d'une tête (notamment dans le cas de Jocaste) traduisent un monologue intérieur. La première rencontre des futurs époux se place ainsi sous le signe de la contrainte légale mais aussi de la complicité. Lors de l'affrontement d'Œdipe et de Créon, le va-et-vient entre les deux hommes et les plans (demi-ensembles[2] ou gros plans) de Jocaste à la fenêtre de sa chambre renforce le tragique de la scène.

De la description aux plans généraux[3]

De nombreux plans généraux cadrent des paysages, montagneux ou désertiques. Tantôt, issus d'une vision subjective, ils dévoilent ce que perçoit un personnage, tantôt ils sont vides de tout personnage. Un romancier, un Balzac ou un Zola par exemple, en ferait de longues descriptions. Ces plans généraux sont leur équivalent littéraire. Une nouvelle fois, l'image suggère, impose à l'esprit sa signification. L'espace y devient même une saisie du temps. Plus la caméra s'attarde sur le désert sud-marocain, plus le spectateur a l'impression de remonter vers les

---

1. Un gros plan cadre par définition la tête d'un personnage.
2. Un plan de demi-ensemble cadre un lieu avec un personnage, ou plusieurs.
3. Les plans sont dits généraux lorsqu'ils cadrent un paysage.

premiers âges de la civilisation, vers le mythe. La longue marche d'Œdipe qui hésite à chaque carrefour et qui le conduit finalement à Thèbes, illustre son errance.

DES LECTURES SYMBOLIQUES

▌La gestuelle, expression de l'inconscient

L'Œdipe pasolinien s'exprime tout entier et en profondeur dans deux gestes, d'ailleurs répétés. Le premier est celui de porter sa main à sa bouche et d'en mordre le dos : Œdipe fait ce geste quand, à Corinthe, il est encore bouleversé par le rêve qu'il vient de faire, quand sur la route de Thèbes il rencontre la prostituée et quand Jocaste lui révèle l'abandon du fils qu'elle eut de son union avec Laïos. Jocaste fait d'ailleurs ce même geste lors de la scène entre Tirésias et Œdipe. Il est un symptôme de l'effroi qui saisit soudain le personnage.

La manière dont Œdipe décide de son itinéraire en est un autre. Œdipe ne se dirige pas, il se confie au hasard en tournant plusieurs fois sur lui-même et en se cachant les yeux, avant d'emprunter le premier chemin qui se présente à lui. L'ironie tragique s'en trouve du même coup accrue, puisque le hasard auquel il pense s'en remettre le conduit toujours dans la même et inexorable direction : celle de Thèbes.

▌Les objets, préfiguration
▌et agents du destin

Les objets sont également un langage. Ils possèdent en effet une signification : ils sont et ils expriment. Deux d'entre eux possèdent une évidente connotation tragique. Lors de ses ébats amoureux, Œdipe joue avec la broche en or dont Jocaste se sert pour agrafer sa robe. Or c'est avec cette même broche qu'Œdipe se crèvera les yeux. La poutre que, dans une vision subjective, Jocaste contemple au plafond de sa chambre, est celle sur laquelle elle accrochera la corde pour se pendre. Ces objets sont originellement décoratifs : la broche qui est un bijou, le plafond de la chambre qui est peint et comporte des motifs en roseaux tressés, se changent en agents du destin.

Du silence à la bande son

Le silence porte en lui-même ses suggestions. Sa nature est double. Soit il émane de la nature (des paysages) et il donne l'impression quasi physique de l'immensité et du vide, comme s'il s'agissait d'un nouveau monde. Soit il est le refuge d'un personnage qui, au moins pour un temps, se refuse à répondre : il marque alors moins une dérobade qu'un sommet tragique. Tel est le cas par exemple de Jocaste, quittant Œdipe sans prononcer le moindre le mot pour aller se pendre. Ou celui d'Œdipe interrogeant le vieux serviteur de Laïos et observant un silence avant et après chacune de ses questions, parce qu'il sait que des réponses qu'il va entendre dépend son sort. Quant à la bande son, elle est aussi un langage (→ PROBLÉMATIQUE 15, p. 134).

En définitive, l'image est un langage au même titre que les mots. Chez Pasolini, ces deux langages sont complémentaires plus que concurrentiels. Le spectateur qui connaît déjà la pièce de Sophocle n'en apprécie que mieux le film.

17 | Étude comparée du prologue et de l'épilogue chez Pasolini

Par définition le prologue et l'épilogue correspondent à deux moments opposés d'une œuvre : le premier en est l'introduction et comme la préhistoire ; le second en constitue la conclusion, provisoire ou définitive. Tous deux sont différents dans le film. Leur construction est cependant telle que, loin d'être antinomiques, ils sont étroitement liés par tout un jeu d'analogies. Enchâssant le mythe proprement dit d'Œdipe, ils lui donnent sa véritable signification.

DEUX ENSEMBLES DIFFÉRENTS

Dans leur structure

Le prologue comprend cinq séquences : la naissance d'Œdipe, la promenade de la mère et de son bébé dans un pré, le face-à-face du père et du fils, la scène de bal et, au retour après l'amour, le père serrant les pieds de son fils. L'épilogue en compte six : la marche d'Œdipe et d'Angelo, l'arrêt sur le parvis de la cathédrale, la sortie de l'usine, le retour devant la maison du prologue, la reprise de la marche le long d'un mur dans une rue déserte et l'arrivée dans un pré semblable à celui du prologue. Bien qu'il compte une scène de moins, le prologue est presque deux fois plus long que l'épilogue : neuf minutes contre cinq. Même si tous deux se déroulent dans une Italie moderne, ils ne se situent pas dans les mêmes lieux ni à la même époque. Le prologue se passe dans une petite ville de garnison dans les années 1920, l'épilogue dans une grande ville (Bologne) en 1967, à la date du tournage.

▌Dans les thématiques

Le prologue est d'inspiration ouvertement psychanalytique, comme l'indiquent les deux cartons qui extériorisent les pensées du père fixant son fils : « La première chose que tu me voleras, ce sera la femme que j'aime... Et déjà tu me voles son amour. » Il montre la construction du « complexe d'Œdipe » (→ PROBLÉMATIQUE 2, p. 77) : l'attachement physique et affectif du fils pour sa mère, la peur puis la haine du père (redoutant à son tour son fils), les pleurs de l'enfant entrevoyant sa mère dans les bras de son père. L'épilogue est, lui, tout entier idéologique. La cathédrale symbolise le catholicisme, alors fort puissant en Italie dans les années 1960 ; l'usine, l'exploitation de la classe ouvrière ; le joueur de flûte, l'artiste solitaire qui s'interroge sur son rôle et sa place dans la cité. Il dessine une situation politique dans laquelle le créateur Pasolini a lui-même du mal à trouver sa place : trop athée pour les uns, il est trop nostalgique du sacré pour les autres.

UN JEU D'ANALOGIES

▌De fortes correspondances

Plusieurs ressemblances n'en unissent pas moins le prologue et l'épilogue. Tous deux possèdent ici et là les mêmes décors extérieurs. La façade de la maison natale dont les fenêtres donnent sur le monument aux morts réapparaît dans l'épilogue. Substitut psychanalytique de la mère (→ PROBLÉMATIQUE 2, p. 78), l'image du pré qui clôt le film reprend celle du prologue. Les plans panoramiques présentent la même palette impressionniste[1] de couleurs :

---

1. Courant pictural et musical de la fin du xixe siècle, l'impressionnisme privilégie les atmosphères fugaces, les taches de couleurs claires, sans contours bien délimités. Il s'agit de rendre compte d'une impression, de la vision subjective qu'a l'artiste de la nature.

du bleu, du vert, du rose, avec les mêmes déliés et dégradés. La bande son reprend les mêmes thèmes musicaux : on réentend quelques notes de la musique militaire (thème du père) du prologue et, plus largement, le quatuor de Mozart (thème de la mère[1]). Enfin l'épilogue renoue directement avec le prologue quand Œdipe murmure : « La vie finit où elle commence. » Cette conception cyclique du temps impose l'idée d'un éternel recommencement, où la fin de l'épilogue constitue le début du prologue (sur le traitement du temps → PROBLÉMATIQUE 13, p. 124).

Des techniques identiques

Les procédés cinématographiques sont souvent les mêmes. L'ellipse[2], provoquée par le montage, est l'un d'eux. Les séquences sont plus juxtaposées que reliées chronologiquement entre elles. Dans le prologue, l'enfant grandit rapidement de l'une à l'autre : elles sélectionnent quelques moments clés de la prime enfance d'Œdipe. La même discontinuité temporelle s'observe dans l'épilogue. La séquence de l'usine vient après celle de la cathédrale : sont-elles du même jour ? L'errance d'Œdipe et son retour dans le pré s'enchaînent-ils ? Rien n'indique l'existence d'un *continuum*. Prologue et épilogue comportent des plans panoramiques : sur les places, sur les paysages. Les gros plans des personnages se retrouvent dans les deux cas : gros plans de l'enfant, de la mère, de l'aveugle.

UN ENCHÂSSEMENT DU MYTHE

Le mythe comme connaissance de soi

Le prologue ne fonctionne pas comme une simple introduction, ni l'épilogue comme une banale conclusion. Encadrant le mythe,

---

1. Sur la bande son → PROBLÉMATIQUE 15, p. 137.
2. Une ellipse consiste à omettre volontairement un ou plusieurs éléments en principe nécessaires à la compréhension immédiate d'un texte ou d'un film. Elle est un trou dans la narration.

ils lui confèrent sa signification. Le prologue, de l'aveu même de Pasolini, est autobiographique : il y évoque son propre « complexe d'Œdipe ». Dès lors, l'histoire légendaire d'Œdipe en devient le développement fictif, poétique, transfiguré, par lequel Pasolini s'identifie à l'histoire même d'Œdipe. L'épilogue montre, lui, un adulte vieillissant, ayant depuis longtemps dépassé le stade de ce « complexe », même s'il en conserve le souvenir. L'aveugle qu'il est rappelle en effet moins l'Œdipe de la légende que le devin Tirésias : comme ce dernier il voit désormais clair (→ PROBLÉMA-TIQUE 5, p. 90). Ce détour par le mythe fonctionne comme une tentative de mieux se connaître. N'est-ce pas là d'ailleurs une des fonctions des mythes ?

▎Une œuvre onirique

Pasolini considérait que la partie centrale, mythique, de son film n'était en réalité qu'un long rêve. Le prologue s'achève sur le plan d'un enfant dans son berceau, criant « Maman » quand son père s'approche de lui et lui serre les pieds. C'est une scène de terreur infantile. Comment s'en échapper voire s'en guérir, sinon par et dans le mythe qui met précisément en scène le meurtre, physique, du père et la possession, non moins physique, de la mère ? Œdipe est l'expression de l'inconscient de l'enfant. Il en est la mise en scène, la théâtralisation. L'épilogue coïncide, lui, avec la sortie du rêve. La partie centrale du film n'est dans cette optique qu'un long fantasme. Chacun sait que la logique rationnelle, la vraisem-blance et le réalisme ne sont pas les caractéristiques premières des rêves. Tourné et projeté sur grand écran comme une incur-sion dans le monde onirique, le film peut dès lors accumuler les invraisemblances géographiques et culturelles. Rêve et mythe s'inscrivent au cœur du processus de création artistique.

18 | Un exemple d'affrontement tragique chez Sophocle

De Tirésias. – Vraiment ? Eh bien, je te somme, moi [...]
à Œdipe. – Ce n'est pas Créon qui te perd, c'est toi
(l. 353-394, p. 24-26)

INTRODUCTION

Situer le passage

Selon l'oracle, rapporté de Delphes par Créon, la peste qui ravage Thèbes, est une malédiction divine : le fléau perdurera tant que ne seront pas châtiés les meurtriers du roi Laïos. Aussi Œdipe s'est-il solennellement engagé à les démasquer et les punir. Sur les conseils du Coryphée, chef du Chœur, il consulte Tirésias, le devin le plus célèbre de Grèce. Celui-ci refuse d'abord de parler, au prétexte, dit-il, que « les malheurs viendront bien seuls » (l. 342). Œdipe s'emporte, impute le mutisme de Tirésias à un désir de lui cacher la vérité. Si Tirésias se tait, c'est donc qu'il a « tramé le crime » (l. 350) ! Le devin se résout alors à révéler ce qu'il sait.

Dégager les axes de lecture

Cette scène est l'exemple même de ce que les Grecs appelaient l'*agôn* c'est-à-dire un affrontement violent entre deux personnages. Il en naît une tension dramatique permanente, due autant aux révélations de Tirésias qu'à l'aveuglement d'Œdipe.

UNE SCÈNE D'AFFRONTEMENT

Un face-à-face tendu

Le dialogue est constitué de courtes répliques, selon la technique de la stichomythie[1] : des réponses brèves succèdent à des questions elles-mêmes rapides. Grammaticalement ce sont le plus souvent des phrases simples : « Et à dire quoi ? » (l. 366), ou encore « N'as-tu donc pas compris ? » (l. 367). Questions et réponses rebondissent par la reprise d'un même mot :

> TIRÉSIAS. – [...] en moi vit la force du vrai.
> ŒDIPE. – Et qui t'aurait appris le vrai ? (l. 360-362)

Placée en début de phrase, la conjonction de coordination « et » relance constamment l'affrontement : « Et qui t'aurait appris le vrai ? » (l. 362) ; « Et à dire quoi ? » (l. 366) ; « Et dois-je encore [...] ? » (l. 374) ; « Et tu t'imagines [...] » (l. 379). C'est un emploi particulier, rhétorique, de la conjonction.

L'état d'esprit des interlocuteurs ajoute à la violence de l'échange. C'est sous l'emprise de la « fureur » (l. 374), par exemple, qu'Œdipe interrompt Tirésias.

Accusation contre accusation

La vivacité de l'échange découle d'une incompréhension mutuelle.

À ce stade de l'action, Œdipe se croit sincèrement innocent et ne peut donc admettre que Tirésias l'accuse d'être ce « criminel qui souille ce pays » (l. 356-357). Dans son esprit, Tirésias ne peut que mentir. La mise en cause de l'« art » (de la science) du devin constitue un leitmotiv de la scène. La vérité loge « ailleurs » qu'en Tirésias, qui ne vit que « de ténèbres » (l. 388). Et si Tirésias ment, c'est qu'il se fait le complice de Créon : « Est-ce Créon ou toi qui inventas l'histoire ? » (l. 393). C'est accusation contre accusation.

---

1. Voir p. 30.

Mais c'est aussi indignation contre indignation. Pas plus qu'Œdipe ne peut admettre la « vérité » de Tirésias, pas plus Tirésias ne peut supporter les soupçons d'Œdipe. N'est-il pas le devin le plus réputé de Grèce ? L'affrontement dans ces conditions est sans issue. Littéralement, les deux hommes ne se comprennent pas.

UN AFFRONTEMENT DRAMATIQUE

Un intérêt dramatique habilement ménagé

En plaçant cette scène presqu'au début de sa pièce, Sophocle rompt avec le procédé traditionnel qui veut que l'identité du criminel ne soit révélée qu'à la fin. L'intérêt dramatique n'en est pas pour autant affaibli.

Tirésias commence par prendre Œdipe au piège de son propre engagement : n'a-t-il pas par avance condamné le coupable au pire des châtiments ? Or le coupable, c'est lui, Œdipe ! L'effet de choc est garanti. Aussitôt après, Tirésias fait une seconde révélation, toute aussi terrible. « Sans le savoir », Œdipe vit « dans un commerce infâme avec les plus proches » des siens (l. 377). C'est l'accuser d'inceste.

Pour Œdipe, cette nouvelle accusation est incompréhensible. Pour le lecteur moderne, qui ne connaîtrait pas le mythe d'Œdipe, l'intérêt rebondit : l'oracle a-t-il dit la vérité ? Pour ceux qui connaissent le mythe, ils ne peuvent que plaindre Œdipe. Dans tous les cas, l'horreur et la pitié envahissent le spectateur ou le lecteur.

Un langage à double sens

Certaines formules prennent une résonance d'autant plus pathétique qu'elles annoncent le dénouement. Toute la fin de la scène est construite sur l'opposition de la lumière et des ténèbres, de la vue et de l'aveuglement.

Cette opposition est d'abord physique. Tirésias est aveugle, Œdipe ne l'est pas mais le deviendra. Aussi quand il raille la cécité de Tirésias, ses moqueries se teintent-elles d'une ironie tragique[1]. Moralement, la situation est inverse. Œdipe voit mais ne sait pas ; Tirésias ne voit pas, mais sait. L'inconscience d'Œdipe devient dès lors pathétique quand il se demande comment un aveugle pourrait nuire à un homme qui « voit la clarté du jour » (l. 389-390). Quel est en effet le plus « aveugle » des deux ?

L'ÉGAREMENT D'ŒDIPE

La défaite d'Œdipe

Cette scène d'affrontement s'achève malgré les apparences par la défaite d'Œdipe. Elle révèle son caractère, emporté, violent, obstiné, autoritaire. Œdipe ne sait que menacer qui s'oppose à lui. Or ces menaces constituent une triple erreur :
– elles montrent qu'Œdipe a perdu sa légendaire clairvoyance (notamment en résolvant l'énigme que lui posa le Sphinx) ;
– elles sont une erreur tactique : en l'outrageant, il fait de Tirésias un ennemi ;
– elles sont enfin une forme de sacrilège, Tirésias est un prêtre d'Apollon.

Pour aggraver son cas, Œdipe menace publiquement Tirésias : par l'intermédiaire du Chœur, représentant la cité, tout Thèbes est au courant.

Un renversement de situation

La situation d'Œdipe s'inverse brutalement. Roi honoré et estimé, le voici désormais en position d'accusé. Ce revirement est exemplaire du fait tragique grec, qui consiste en un bascule-ment du bonheur dans le malheur, de la gloire dans l'infamie,

---

1. Voir note 3, p. 21.

de l'innocence dans la culpabilité. Comme le lui dit Tirésias, il ne se rend pas compte du « degré de misère où [il] es[t] parvenu » (l. 378).

L'enquête sur la mort de Laïos en est réorientée. La question n'est plus : qui est coupable ? Elle devient : Œdipe est-il coupable ? Il lui reste à retrouver sa clairvoyance – pour son plus grand malheur.

19 | Un exemple d'ironie tragique[1] chez Sophocle

De JOCASTE. – Va, absous-toi [...]
à ŒDIPE. – Ah ! cette fois tout est clair !
(l. 736-789, p. 41-44)

INTRODUCTION

Situer le passage

Œdipe et Créon viennent de s'opposer violemment, le premier accusant le second de conspirer contre lui et de vouloir prendre sa place sur le trône de Thèbes. Épouse d'Œdipe et sœur de Créon, Jocaste les sépare puis s'informe auprès de son mari des raisons de leur affrontement. Œdipe lui répond que Créon l'accuse d'avoir tué Laïos. Comment admettrait-il sans réagir une telle impudence ? Jocaste déclare alors pouvoir le rassurer. D'évidence, il n'est pour rien dans l'assassinat de Laïos.

Dégager des axes de lecture

Une longue tirade de Jocaste, suivie d'une série de plus en plus haletante de questions et de réponses, compose le mouvement du texte. Plus Jocaste s'efforce d'apaiser les craintes d'Œdipe, plus celui-ci s'inquiète. Sa stratégie argumentative échoue donc. L'ironie tragique est totale, accroissant par là même l'intensité dramatique.

---

1. Voir note 3, p. 21.

UNE ARGUMENTATION QUI MANQUE SON BUT

Un raisonnement en apparence bien mené

Pour convaincre Œdipe de sa propre innocence, Jocaste recourt à une habile démonstration. « Absous-toi toi-même du crime » (l. 736, p. 41), commence-t-elle par lui dire. C'est débuter par la conclusion, afin de mieux capter l'attention d'Œdipe, qui désire s'entendre confirmer son innocence. Trois « preuves » viennent ensuite étayer son propos :

– la première est de principe, d'ordre intellectuel : partant de l'idée que nul ne peut connaître l'avenir, Jocaste met en doute non l'oracle d'Apollon, ce qui serait sacrilège, mais l'interprétation que les serviteurs du dieu en donnent ;

– la deuxième est d'ordre technique : Laïos n'est pas mort dans un combat singulier, mais dans une embuscade tendue par plusieurs assaillants ; il n'a donc pas été tué de la seule « main de son fils » (l. 748), comme on l'a prédit.

– la troisième est une preuve *a contrario* (par son contraire, ou par l'absurde) : comment ce fils aurait-il pu être le meurtrier de son père puisque, « trois jours » après sa naissance, il fut abandonné sur un « mont désert » (sous-entendu : cet enfant nouveau-né est donc mort depuis longtemps) ?

Un résultat contraire au but recherché

Les réactions d'Œdipe montrent que, loin de le rassurer, le récit de Jocaste ne fait que l'angoisser davantage. Plus elle lui démontre son innocence, plus il découvre sa possible culpabilité. Son « âme » s'égare, sa « raison » « chancelle ». Par un choc en retour, son inquiétude provoque celle de Jocaste : « Je tremble à te regarder » (l. 779).

La structure du texte souligne également l'échec de Jocaste. À peine a-t-elle achevé de parler qu'Œdipe la soumet à un interrogatoire de plus en plus pressant. Détail après détail, chaque précision de Jocaste le fait passer de la « crainte » à la certitude finale : « Ah ! cette fois, tout est clair ! » (l. 789). Sauf miracle ou coup de théâtre, c'est bien lui le coupable.

UNE IRONIE TRAGIQUE

Tout l'extrait s'imprègne d'ironie tragique, dans la mesure où, sans en avoir conscience, les deux personnages sont dupes d'eux-mêmes, comme si le Sort prenait un malin plaisir à se moquer d'eux.

Dans le renversement de situation

Jocaste se fait l'artisan du destin – de ce destin dont elle nie que les hommes puissent avoir connaissance ou prise sur lui. Plaidant l'innocence d'Œdipe, elle révèle, malgré elle et sans s'en rendre compte, les indices de la culpabilité de son mari. C'est un complet renversement de situation, qui se manifeste de plusieurs façons :

– au début de l'extrait, Jocaste mène le jeu : « écoute-moi », dit-elle à Œdipe (l. 737). C'est elle ensuite qui « écoute » les questions d'Œdipe ;

– c'est en apparence le plus insignifiant des détails de sa démonstration qui alarme Œdipe. Laïos, affirme-t-elle, a été tué « au croisement de deux chemins ». Œdipe sursaute et le lui fait répéter : « Tu as bien dit... » (l. 757). Le lieu et la date du meurtre raniment ses souvenirs.

– d'innocent, Œdipe devient à ses propres yeux un possible coupable. Le voici enquêtant désormais sur son propre passé : serait-il ce parricide dont parlait l'oracle ?

Dans des paroles imprudentes

Jocaste et Œdipe prononcent des paroles dont le sens exact leur échappe ou auxquelles ils prêtent un sens différent de celui qu'elles possèdent en réalité.

Jocaste, par exemple, conclut sa démonstration par une phrase, qui s'apparente à une maxime : « Les choses dont un dieu poursuit l'achèvement, il saura bien les révéler lui-même » (l. 751-752).

Dans son esprit, ces mots signifient qu'il ne faut accorder aucun crédit à l'oracle et encore moins à ceux qui se targuent de les interpréter : « Jamais créature humaine ne posséda rien de l'art de prédire » (l. 737-738). Or le « dieu » qu'elle évoque est pourtant en train d'agir !

Comme Œdipe le rappelle lui-même, il a été imprudent de maudire si vite, trop vite, le meurtrier de Laïos et de le vouer au pire des châtiments : « je crains bien d'avoir, sans m'en douter, lancé contre moi-même tout à l'heure d'étranges malédictions » (l. 776-778).

L'exclamation d'Œdipe : « Ah ! cette fois tout est clair ! » (l. 789) prend enfin une résonance particulière. Ce n'est assurément pas cette « clarté » que Jocaste prétendait apporter !

UNE RÉVÉLATION DRAMATIQUE

La catastrophe en marche

L'enquête sur l'assassinat de Laïos vient de progresser. Le lieu du crime est précisé : en « Phocide », au carrefour des routes de Delphes et de Daulia. La date est établie : juste avant la prise du pouvoir par Œdipe. Reste toutefois une inconnue : l'assassin a-t-il agi seul ?

Plusieurs questions n'en demeurent pas moins en suspens. L'interrogatoire qu'Œdipe fait subir à Jocaste n'a de sens que si Œdipe s'est déjà trouvé en Phocide, au carrefour des deux routes, où il aurait tué un homme. Mais pour quelle raison ? Quelle est l'identité exacte de la victime ? L'oracle dit-il vraiment toute la vérité ?

Œdipe se trouve ainsi contraint de remonter dans son passé, d'enquêter sur lui-même. Comment mènera-t-il cette enquête et jusqu'où ? La tension dramatique est extrême.

Des silences inquiétants

Jocaste parle beaucoup mais ne dit rien sur elle-même. Le fils de Laïos était aussi le sien. De ses réactions, de ses souffrances maternelles lors de l'abandon de son enfant, elle ne souffle mot. Parce qu'elle a déjà reconnu son fils en Œdipe, à présent son mari ? Son silence touche au tragique.

De son côté, Œdipe oublie de demander à Jocaste si Laïos avait lié les « talons » du nouveau-né. Or ce point est capital. Comment oublierait-il que ses chevilles portent les traces d'une très ancienne ligature ? Négligence ? Refus de croire en une monstrueuse réalité ? Désir inconscient de la refouler ? L'intérêt et la tension dramatiques s'en trouvent accentués, qui laissent prévoir d'autres rebondissements. Qui confirmera les dires de Jocaste, qui s'appuie constamment sur la « rumeur publique » ? Comment l'enquête va-t-elle désormais progresser ?

20 | Étude du dénouement de la pièce

Le Messager. – Ô vous que ce pays [...] pas une qui ne manque à l'appel ! (l. 1277-1337, p. 64-66)

INTRODUCTION

Situer le passage

L'oracle d'Apollon s'est réalisé : Œdipe s'est découvert parricide et incestueux. Sans un mot, Jocaste s'est précipitée, « éperdue dans le palais » (p. 57). Œdipe laisse éclater son désespoir, puis « se rue » à son tour dans le palais. Bientôt en ressort le Messager, qui annonce au Coryphée le suicide de Jocaste.

Dégager les axes de lecture

Le dénouement est en marche. Il se produit hors de la vue des spectateurs, à qui le Messager fait le récit de la pendaison de Jocaste et de l'énucléation d'Œdipe. Pourquoi un tel récit, dont l'impact pathétique et la nature tragique sont par ailleurs évidents ?

RÉCIT ET DRAMATURGIE

Un récit imposé

La présence d'un récit dans une pièce de théâtre est toujours problématique. En principe, en effet, toute pièce doit « représenter » une action, non la raconter. Des considérations techniques et esthétiques expliquent toutefois le recours au récit.

Représenter sur scène la mort de Jocaste et l'aveuglement d'Œdipe impliquerait un changement de lieu : l'action devrait se déplacer de l'extérieur, où elle se déroule tout entière, vers l'intérieur du palais. Or, à l'époque, les conditions matérielles de représentation interdisaient un tel changement. Fermée au fond par un muret, la scène grecque était en demi-cercle, et souvent de petite dimension. Il n'y avait pas de coulisses, ni de décor. Le dépouillement était de rigueur. Les dramaturges étaient en conséquence contraints de confier au récit ce qui se passait ailleurs que dans l'espace scénique.

En outre, bien que la bienséance ne fût pas à l'époque de Sophocle aussi tyrannique qu'en France au XVIIe siècle, elle justifie au moins en partie la non-représentation du double drame sur scène. La vue directe du suicide de Jocaste et d'Œdipe se crevant les yeux aurait été un spectacle insoutenable.

Ces contraintes n'ont pas que des inconvénients. Elles offrent aussi des avantages, notamment, de faire presque coïncider le dire avec le faire, la parole avec l'action.

Un récit justifié

Imposé, le récit n'en possède pas moins l'apparence de la plus grande vraisemblance. C'est celui d'un témoin direct du drame qui rapporte ce qu'il a vu « dans la mesure où le [lui] permettra [sa] mémoire » (l. 1293). Ce témoin était d'ailleurs mêlé à d'autres qui « l'entouraient » ; d'où le pronom personnel « nous » plusieurs fois utilisé. Le Messager est donc digne de confiance. Il l'est d'autant plus qu'il ne raconte que ce qu'il a vu et qu'il s'interdit la moindre conjecture : « Comment elle [Jocaste] périt ensuite, je l'ignore, car à ce moment… » (l. 1303-1304). Sophocle met ainsi tout en œuvre pour rendre crédible l'intervention et les dires du Messager.

UN RÉCIT PATHÉTIQUE

▌ L'horreur et la pitié

Les événements relatés sont en eux-mêmes terribles puisqu'il s'agit d'une pendaison et d'une mutilation oculaire. Les champs lexicaux traduisent la détresse des personnages : Jocaste « gémit » (l. 1301), « s'arrachant à deux mains les cheveux » (l. 1296) ; Œdipe « poussa un cri » (l. 1312), « pousse un gémissement affreux » (l. 1317). Les commentaires que fait le Messager sur son propre récit ajoutent à l'affliction. Il qualifie Jocaste d'« infortunée » (l. 1294), Œdipe de « malheureux » (l. 1316-1317). Il prépare l'auditoire au pire : « C'est un spectacle alors atroce à voir » (l. 1319), dit-il. Lui-même est bouleversé par ce qu'il rapporte : « sanglots, désastre, mort et ignominie, toute tristesse ayant un nom se rencontre ici désormais ; pas une qui ne manque à l'appel ! » (l. 1334-1336).

▌ Un récit qui donne à voir et à entendre

Le récit s'organise en deux grands tableaux, l'un centré sur Jocaste, l'autre, plus long, sur Œdipe.

À chaque fois, l'accent est mis sur les attitudes, les gestes et les cris. Les verbes de mouvement sont nombreux : Jocaste « court », « entre et ferme violemment la porte » ; Œdipe « tombe au milieu de nous », « se précipite sur les deux vantaux de la porte », « arrache les agrafes d'or ». L'horreur est à son comble quand est décrit le geste désespéré d'Œdipe :

> Et tout en clamant ces mots, sans répit, les bras levés, il se <u>frappait</u> les yeux, et leurs globes en sang <u>coulaient</u> sur sa barbe. Ce n'était pas un suintement de gouttes rouges, mais une noire <u>averse</u> de grêle et de sang, <u>inondant</u>[1] son visage ! (l. 1326-1330)

---

1. C'est nous qui soulignons.

Les verbes à l'imparfait traduisant l'acharnement d'Œdipe, l'indication des couleurs, la précision des détails (« sur sa barbe »), l'épanchement sanguin qui devient « une noire averse » : tout est fait pour que le spectateur puisse visualiser ces paroles. Le procédé est celui de l'hypotypose, consistant en une description animée et frappante, imposant à l'esprit du spectateur l'image de ce qui est dit. Tout le récit est ainsi agencé pour susciter l'horreur et la pitié. Le pathétique atteint son but.

DEUX ATTITUDES TRAGIQUES

Le désespoir de Jocaste

Jocaste meurt de honte. Ses paroles, rapportées au style indirect libre, révèlent non pas qu'elle est maudite, mais qu'elle se maudit : « Elle gémit sur la couche où, misérable, elle enfanta un époux de son époux et des enfants de ses enfants ! » (l. 1301-1303). Elle ne peut se supporter ni s'admettre incestueuse. Ses premiers mots sont pour Laïos « déjà mort depuis tant d'années » (l. 1298), mais qu'elle n'a pas oublié. Il est vrai que de leur union date leur malheur. Aussi peut-on se demander si elle n'a pas très tôt découvert la vérité. Mais tant que l'atroce réalité demeurait inconnue, elle avait choisi de l'enfouir et de vivre. Une fois le mystère percé, Jocaste ne peut que se condamner. Son long silence, son suicide muet font d'elle une figure ambiguë et tragique.

Le défi d'Œdipe

Comme Jocaste, sa mère et sa femme, Œdipe se punit. Son geste est tout à la fois désespéré, humain et libre. Certes, précise le Messager, « un dieu sans doute dirige sa fureur » (l. 1310) et il est « comme mené par un guide » (l. 1312). « Sans doute », « comme » : rien n'est affirmé, tenu pour certain. L'oracle d'Apollon ne condamnait effectivement pas Œdipe à se crever les yeux.

Si Œdipe choisit de ne pas se suicider, c'est parce qu'il s'estime, au moins partiellement, innocent et plus victime que coupable. Œdipe mentionne en effet le « mal » qu'il « a subi ». Acte assurément de désespoir, son geste peut aussi s'interpréter comme un défi lancé à la divinité. Se reprochant d'être né, Œdipe, aveugle mais en vie, assume sa condition d'homme. Découvrant son identité, à la quête de laquelle il était parti, il devient une nouvelle énigme vivante : pourquoi le sort lui fut-il si contraire ? Sans proférer la moindre parole contre eux, Œdipe se dresse, la face sanglante, devant des dieux incompréhensibles et cruels. Accablé par un malheur absolu, il s'avance tâtonnant, mais debout. Reste à la cité à le juger, et à décider de son sort. Ce sera le sujet de l'ultime pièce de Sophocle, *Œdipe à Colone.*

Bibliographie et sitographie

SUR LA TRAGÉDIE GRECQUE ET SUR *ŒDIPE ROI* DE SOPHOCLE

- Aristote, *Poétique*, traduction J. Hardy, Gallimard, « Tel », 1966.
- Astier Colette, *Le Mythe d'Œdipe*, Armand Colin, 1974.
- Dubarry-Sodini Christine, *Étude sur Sophocle, Œdipe roi*, Ellipses, « Résonances », 1994.
- Hoffmann Georges, *Sophocle : Œdipe roi*, PUF, 1990.
- Scherer Jacques, *Dramaturgies d'Œdipe*, PUF, 1967.
- Vernant Jean-Pierre, *Mythe et tragédie en Grèce ancienne*, Maspero, 1972.
- Vernant Jean-Pierre et Vidal-Naquet Pierre, *Œdipe et ses mythes*, Éditions Complexe, « Historiques », 1988.

SUR LE COMPLEXE D'ŒDIPE

- Casalie Georges, « Œdipe (complexe d') », *Encyclopaedia Universalis*, 1960, t. 10 pour la version papier ; disponible en version numérisée.

SUR PASOLINI ET SON FILM

- Bernard de Courville Florence, *Œdipe roi de Pasolini. Poétique de la mimésis*, L'Harmattan, 2012.
- Ceccaty (de) René, *Pasolini*, Gallimard, « Folio biographies », 2005.
- Joubert-Laurencin Hervé, *Pasolini, portrait du poète en cinéaste*, Éditions Cahiers du cinéma/Gallimard, 1995.
- Pasolini Pier Paolo, *Œdipe roi*, l'*Avant-scène cinéma*, n° 97, novembre 1969 ; ce numéro de la revue contenant le scénario du film.
- Pasolini Pier Paolo, *Œdipe roi*, DVD, Carlotta, 1967.

SITES INTERNET

• Vogin Magali, « La fuite d'Œdipe de Corinthe à Thèbes », http://etudesromanes.revues.org/620

• Vontrat Fabienne, *Œdipe roi, de Sophocle à Pasolini*, http://la-psychanalyse-encore.fr/La_psychanalyse_encore/PSYCHANALYSE_et_CINEMA.html

PAPIER À BASE DE
FIBRES CERTIFIÉES

Hatier s'engage pour
l'environnement en réduisant
l'empreinte carbone de ses livres.
Celle de cet exemplaire est de :
450 g éq. CO_2
Rendez-vous sur
www.hatier-durable.fr

Maquette : Tout pour plaire
Cartographie : Légendes Cartographie
Mise en page : CB Defretin
Suivi éditorial : Charlotte Monnier

Achevé d'imprimer par L.E.G.O. S.p.A. Lavis (TN) - Italie
Dépôt légal: 96923-2/01 - août 2015